KB164797

무엇을 가르칠 것인가

무엇을 가르칠 것인가

1판 1쇄 발행 2016년 6월 20일
1판 2쇄 발행 2019년 2월 20일

지은이 허버트 스펜서
옮긴이 유지훈
펴낸이 이윤규

펴낸곳 유아이북스
출판등록 2012년 4월 2일
주소 (우) 04317 서울시 용산구 효창원로 64길 6
전화 (02) 704-2521
팩스 (02) 715-3536
이메일 uibooks@uibooks.co.kr

ISBN 978-89-98156-58-9 03370
값 14,000원

무엇을 가르칠 것인가

Herbert

Spencer 허버트 스펜서 지음 | 유지훈 옮김

Education:
intellectual,
moral,
and physical

ꮍ 유아이북스

EDUCATION: INTELLECTUAL, MORAL, AND PHYSICAL
by HERBERT SPENCER(1860)

[일러두기]

이 책의 내용은 기본적으로 원서를 따랐지만, 문장 구조나 형식 면에서 난해한 부분은 국내 독자들이 이해하기 쉽게 일부 수정되었음을 밝힙니다.

초판본 서문

이 책을 구성하는 네 개의 장은 매체 이름에 리뷰Review가 들어가는 간행물에 기고한 글을 모은 것이다. 1장은 《웨스트민스터 리뷰Westminster Review》에, 2장은 《노스 브리티시 리뷰North British Review》에 실렸고, 나머지는 《브리티시 쿼털리 리뷰British Quarterly Review》에 게재되었다. 주제를 몇 개로 쪼개긴 했지만 취합해 보니 하나의 완성된 작품으로 보기에 그리 나쁘지 않았다. 애당초 합친 형식을 책으로 재출간할 요량으로 집필한 터라 영국에서 벌써 출판됐어야 했다. 노스 브리티시 리뷰 측에서 "본지에 기고한 글은 포함할 수 없다"며 제동을 걸지 않았다면 말이다. 다행히 미국에서는 이 같은 일이 없었다. 미국에 사는 지인이 마침 종용하기에 원고를 수정해서 메서즈 D. 애플턴 앤 코Messrs. D. Appleton & Co.출판사에 넘겼다.

허버트 스펜서
1860년 7월, 런던

| 목 차 |

초판본 서문　　5

Chapter 1
가장 중요한 지식은 무엇인가?

누구를 위한 교육인가?　　11

'커리큘럼'을 재구성하다　　17

인간을 배려하지 않는 교육　　42

왜 과학을 가르쳐야 하는가?　　57

가장 중요한 지식　　77

Chapter 2
지(知): 앎의 본질에 관하여

교육은 홀로 존재하지 않는다　　83

페스탈로치에 대한 고찰　　101

개념에서 실용으로　　114

진화하는 교육　　138

Chapter 3
덕(德): 도덕적 교육에 관하여

교육제도의 병폐에 대하여　147

왜 도덕교육은 실패하는가?　152

반사작용으로서의 교육　160

체벌의 진짜 문제　165

생각의 전환　177

Chapter 4
체(體): 체육의 필요성에 관하여

살찌지 않는 아이들　203

사료로 전락된 식단　209

금욕주의의 거짓된 매력　227

숙녀다운 여성은 운동하지 않는다?　235

위험한 교육법　241

몸과 마음의 균형을 잡아야 할 때　261

Chapter 1

/

가장
중요한 지식은
무엇인가?

WHAT KNOWLEDGE IS
OF MOST WORTH?

/

누구를 위한 교육인가?

"순서를 따지자면 옷보다 장식이 먼저 세상에 나왔다"는 말이 화두가 된 적이 있다. 멋진 문신을 새길 수만 있다면 엄청난 통증도 마다하지 않는 사람은 그렇지 않은 이들과 달리 혹독한 기후, 즉 냉기나 열기를 누그러뜨릴 궁리를 하지 않고 그럭저럭 견딜 수 있을 것이다. 독일의 탐험가 알렉산더 폰 훔볼트Alexander von Humboldt에 따르면, 오리노코 강의 원주민은 몸이 좀 곤하더라도 안료를 사기 위해 2주간 다리품을 판다고 한다. 그걸 손에 넣어야 사람대접을 받기 때문이다. 원주민 여성도 실오라기 하나 걸치지 않고 움집을 나올지언정 안료를 바르지 않는 실례는 범하지 않는다. 탐험가들은 오지에 사는 어떠한 부족은 캘리코calico[1]나 브로드broadcloth[2]보다 색을 입힌 구슬과 자질구레한 장신구의

---

1) 날염을 한 거친 면직물. ― 옮긴이주
2) 면, 레이온, 명주 또는 그것들의 혼방인 옷감으로 광택이 나며 폭이 넓은 셔츠나 드레스에 쓰인다. ― 옮긴이주

값을 더 쳐준다고 이야기하기도 했다. 셔츠와 코트를 주면 우스 꽝스럽게 진열해 둔다는 일화는 그들에게 실용보다 치장이 중요 하다는 점을 암시한다. 극단적인 사례도 있다. 예컨대, 영국의 탐험가 존 스피크John Hanning Speke가 들려준 이야기에 따르면 아 프리카 선원은 날이 화창할 때에는 염소가죽으로 된 외투를 걸 친 채 거들먹거리지만, 날이 궂어 비가 올 때에는 되레 외투를 벗 어 개어 두고는 벗은 몸으로 비를 맞으며 추워서 덜덜 떤다고 한 다! 이러한 원주민의 삶을 살펴보면 옷이 장신구에서 비롯되지 않았나 싶다. 이처럼 옷감의 단열보다 근사한 디자인을, 착용감 보다 마름질을 따지는 사람, 즉 옷의 기능보다는 모양새를 우선 하는 이들을 통해 옷의 기원을 추리해 볼 수 있다.

이 같은 관계는 머리에도 당연히 적용된다. 몸에 걸치는 것뿐 아니라 지적인 면에서도 기능보다는 치장이 우선이라는 것이다. 고금을 막론하고, 개인의 편의를 지향하는 실용적인 지식은 박 수를 부르는 지식 뒤로 밀려나 있다. 예컨대, 소크라테스가 있기 전에 고대 그리스에서 가르쳤던 음악, 시, 수사학, 철학은 실생 활과 거의 관계가 없었음에도 주요 과목으로 자리를 잡았다. 오 히려 생활에 지혜를 더하는 지식이 찬밥신세가 된 셈이다. 작금 의 대학을 비롯한 교육기관도 이를 잘 보여 준다. 학교를 졸업한 아이들의 십중팔구는 라틴어와 그리스어를 써먹을 기회가 전혀 없다는 말이 입버릇처럼 나돌고 있으니 안타까울 노릇이다. 일터에서 일할 때나 가족 또는 자신의 재산을 관리할 때, 수년간 공부해 온 지식이 쓸모없다는 말은 이제 두말하면 잔소리가 되어 버렸다. 쓸 일이 하도 없어서 대개는 기억에서 사라지고 말 터인데, 설령 라틴어로 쓴 글을 되뇌거나 그리스 신화를 넌지시 꺼낼 기회가 있다손 치더라도 화두가 되는 주제에 실마리를 던진다기보다 결과를 의식해서 그럴 공산이 크다. 청소년에게 고전을 가르치려는 진짜 동기가 무엇인지 묻는다면 비슷한 답을 얻을 것이다. 유행이라는 미명하에 제 몸에 걸치던 옷을 자녀에게도 입히는 격이다. 오리노코 강 원주민은 집을 나오기 전에 체면을 지키기 위해 안료를 바른다. 이들이 당장의 유익보다는 수모를 당하지 않기 위해 그러하듯, 우리 역시 근본적인 가치가 아니라 모르면 손가락질을 당하기 때문에 사내아이에게 라틴어와 그리스어를 가르쳐야 한다고 느낀다. 혹자는 두 언어를 배워야 '신사교육'을 받았다고 생각할 수도 있다. 신사교육은 사회적 지위와 존경을 암시하는 배지와도 같으니까.

보통, 외양을 꾸미려는 노력은 남성보다는 여성에게서 두드러지게 나타났다. 그러나 문명사회가 후기에 접어들면서 남성도 옷을 고를 때 착용감보다는 근사한 디자인을 선호하게 되었다. 지적인 면에서도 최근 들어 겉만 꾸미는 데 혈안이다. 여성도 마찬가지다. 귀고리, 반지, 팔찌, 머리 액세서리, 화장품과 세련된 옷을 위해 아낌없는 노력을 한다. 유행을 따르기 위해서라면 몸이 아주 불편해도 부차적인 것으로 치부하는 근성은 사회의 인정을 받으려는 욕구가 기능과 편의성에 대한 필요를 앞질렀다는 점을 강력히 시사한다. 교육 문제에 있어서도 마찬가지다. 보여 주기식 '성과'가 큰 비중을 차지하고 있다는 사실은 교육계에서도 '실용적 가치'가 '보여 주기'보다 못하다는 증거이다. 무용, 여성의 몸가짐, 피아노, 노래, 회화 따위가 교육과정에 얼마나 많은 공간을 차지하고 있는가! 이탈리아어와 독일어를 배우는 이유를 묻는다면 본심과는 거리가 먼 답도 더러 나오겠지만 실은 두 언어를 알아야 숙녀답다고들 생각하기 때문이다. 이탈리아어나 독일어로 된 책을 읽기 위해서라기보다는(그럴 가능성은 매우 희박하다) 외국 노래를 부르면 재주가 뛰어나다고 칭찬을 들을 테니 말이다. 왕의 탄생, 서거, 혼인을 비롯하여, 자질구레한 역사를 머릿속에 집어넣는 까닭도 지식에서 얻을 수 있는 이득이 아니라, 사회가 역사를 품격 있는 교육으로 인정하기 때문이다. 역사를 모르면 손가락질을 당하기 십상이다. 특히 독서, 작문, 습자, 문법, 산수, 그리고 바느질은 실생활에 필요하기 때문에 여자아이에게 가르친다고는 하지만, 그중에도 생활의 편리함보다는 남의 평가를 의식한 과목도 더러 있을 것이다.

여기서 몸이든 머리든 실용보다는 외양이 먼저라는 믿음의 근거를 살펴볼 필요가 있다. 먼 과거에서 오늘날에 이르기까지 사회적 욕구를 개인의 욕구의 하위에 두고, 주된 사회적 욕구가 개인의 욕구를 좌지우지해 왔다는 데서 이를 찾을 수 있을 것이다. 사회적 통념과는 달리, 군주나 의회가 없는 정부가 아주 없지 않다. 공인된 정부가 없다면 제자리에서 맴돌고 있는 비공인 정치 세력이 있기 마련이다. 이들은 너도나도 왕이나 왕비 혹은 고위직에 오르기 위해 안간힘을 쓴다. 윗사람의 비위를 맞추고, 누군가를 짓밟으면서까지 추앙받고자 하는 몸부림은 보편적인 현상으로, 삶의 에너지가 대부분 여기에 투입되고 있다. 사람은 부를 축적하거나, 생활 방식과 드레스를 근사하게 꾸미거나, 지식이나 지성을 과시하며 사람들을 지배하는데, 이것들은 사회질서를 유지해 온 규제라는 그물망을 엮는 데 보탬이 되었다. 사냥에 출전하기 전 얼굴에 무시무시해 보이는 안료를 칠하고, 허리춤에 적의 머리 가죽[3]을 찬 채로 부족에 경외심을 불러일으키는 사람이 야만인 족장뿐이라고 치부하면 곤란하다. 아울러 절세미인만이 '정복'을 위해 화장에 공을 들이고 격식을 갖추며 오만 가지 기예를 선보이리라 단정해서도 안 될 것이다. 학자, 역사가, 철학자 또한 그런 목적으로 지식을 사용하고 있으니 말이다. 본디 사람은 개성을 묵묵히 발휘하는 데 만족할 줄 모르는 탓에 상대에게 이를 과시하거나, 어떤 식으로든 남의 개성을 업신여기

---

3) 아메리카 원주민들이 승리의 징표로 적의 머리 가죽을 벗겨 내어 챙겼던 것을 말한다. — 옮긴이주

기 일쑤다. 교육의 현실도 그러하다. 예컨대 사람들은 현실적인 값어치가 있는 지식이 아니라, 환호와 명예와 존경을 받거나 사회적 지위와 영향력을 보장받거나 혹은 대중의 눈길을 끌 만한 데에 관심을 둔다. 본연의 자아가 아닌 남에게 비치는 자아가 중요하고, 교육에서는 지식의 내재적 가치보다는 외재적 영향력이 더 중시되는 실정이다. 이 같은 사상은 너무도 팽배해졌기에 실용성을 인정하는 태도가 (치아를 보관하고 손톱에 색을 입히는) 야만인보다 낫다고 보긴 어려워졌다.

'커리큘럼'을 재구성하다

현재의 교육이 품위도 없고 무지몽매하다는 증거가 더 필요하다면, 다양한 지식의 상대적 가치가 거의 논의된 적이 없다는 (결과가 명백한 방식으로도 거론된 적이 없다) 사실에서 찾을 수 있을 것이다. 상대적 가치를 두고는 모두가 공감하는 기준도 없었거니와, 그러한 기준을 제대로 고려한 적도 없었다. 기준이 있기는 한지 따져 보지도 않았고, 그럴 필요성조차 느낀 적도 없었을 것이다. '이런' 주제를 다룬 책을 읽고 '저런' 주제에 대한 강연을 듣지만 자녀에게 가르치는 것은 '이런' 지식뿐이다. '저런' 지식은 가르치는 법이 없다. 아울러 관습이나 선호 혹은 선입견이라는 울타리를 벗어나지 못한 채, 정작 배워야 할 지식이 무엇인지 합리적으로 따져 보는 것의 중요성도 직감하지 못하고 있다. 정보를 두고는 이런저런 순서가 중요하다는 말이 각계각층에서 나오고는 있지만, 중요도에 비추어 지식 습득에 시간을 투자해야 할지, 그럴 정도로 중요한 지식이 있는지 여부는 일단 제기되면 개인의 선호도에 따라 결정될 뿐이다. 고전과 수학의 비교 우위에 대한 논란이 다시 불거졌다는 소식이 종종 들리는데, 이 논란은 경험에 바탕을 둔 것으로 분명한 기준을 두고는 이렇다 할 이야기가 없다. 모체가 되는 일반적인 문제에 비하면 이 논란은 중요도가 현저히 떨어질 것이다. 수학이나 고전 중 어느 쪽이 나은지, 무엇이 올바른 커리큘럼인지 판정하는 것은 빵이 감자보다 영양가가 높은지 낮은지가 영양학의 전부라고 보는 것과 같다.

경험이 삶의 전부가 아니기에 우리가 개진해야 할 문제는 '어떤 지식이 가치 있느냐?'가 아니라 '지식의 상대적 가치가 무엇인가?'라야 옳을 것이다. 대부분의 사람들은 어떤 교육과정의 장점을 거론할 때, 과정 자체가 정당성을 확보했다고 보며 교육과정이 적절한지 따져 보는 것을 망각하고 만다. 물론 사람들이 관심을 두는 과목이라면 '모종의' 가치는 있을 것이다. 예컨대, 문장학紋章學[4]을 1년간 꾸준히 공부했다면 고대사회의 예절과 도덕이라든가 이름의 기원에 대해 조금은 통찰력이 생길 수도 있다. 잉글랜드 내 타운 사이의 거리를 훤히 꿰고 있는 사람이라면 여행을 준비할 때 이미 수천 가지 정보가 있어 타운 한두 개만 알아 두면 족할 것이다. 게다가 어느 카운티에 나도는 소소한 가

---

4) Heraldry, 가문의 문장(紋章)과 역사를 연구하는 학문. - 편집자주

십gossip을 수집해 두면 (이래봬도 짭짤한 수입이 될 수 있다) 유용한 정보를 밝히는 데 보탬이 될 때도 더러 있다(이를테면 대대로 유전의 영향을 받았던 집안에 도움이 된다). 하지만 앞선 사례에서 보듯, 꼭 해야 하는 일이라고 해서 그에 걸맞은 결과가 뒤따른다고 볼 수 없다. 당연한 이야기인지라 이견은 없으리라 본다. 그렇다면 훨씬 이로운 지식을 얻을 수 있는데, 군이 애먼 데다 청춘을 바치라는 제안을 반길 사람이 몇이나 될까? 물론 모든 주제를 섭렵할 여유가 있다면야 군이 '편식'을 하지 않아도 되겠지만 말이다. 발췌한 옛 노래를 보라.

천년이 지나도록

인생이 안락하고

수명이 다하지 않는다면

무엇을 배우고

무엇을 하겠는가

뭐든 서두르거나 신경 쓸 필요는 없으리라

아쉽지만 인간의 삶은 유한하다. 그러니 지식을 얻는 데 투자하는 시간도 무진장하지 않다는 사실을 명심하라. 수명도 짧은데다 먹고사는 일도 해야 하는 탓에 무언가를 배우는 시간은 훨씬 더 줄어들게 마련이다. 따라서 시간 안배를 고민하지 않을 수가 없다. 마음이 끌리거나 유행하는 것에 무작정 수년을 보내지 말고, 결과의 가치에 무게를 두고 지식을 신중히 가리는 것이 현명하다. 다른 과목에 같은 시간을 투자했을 때 기대해 봄직한 결과를 서로 비교해 보라.

이는 교육계에서 일찌감치 체계적으로 논의했어야 할 문제 중의 문제(가장 중요한 문제)다. 고려하진 않았겠지만 관심이 가는 여러 주제에 대해 서로 엇갈린 주장이 나오고 있는데, 여기서 옥석을 어떻게 가릴 것인가가 최우선이라 본다. 합리적인 커리큘럼이 있을 수도 있지만, 그에 앞서 학습 욕구를 가장 자극하는 지식이나 프랜시스 베이컨Francis Bacon의 말마따나 (아쉽게도 지금은 없어졌지만) 지식의 상대적 가치로 결정을 내려야 할 것이다.

그러려면 먼저 가치를 따질 줄 알아야 한다. 다행히 보편적인 용어로 말하자면, 가치의 진정한 척도에는 이견이 있을 수 없다. 순위에 따른 지식의 가치를 거론할 때 사람들은 삶과의 연관성을 역설한다. '당신의 지식이 무슨 쓸모가 있는가?'라는 물음에 수학자, 언어학자, 자연주의자 혹은 철학자는 자신의 학문이 행위, 즉 손해 보지 않고 이익을 확보하는 것에 이롭게 작용하여 행복의 도화선이 된다고 설명할 것이다. 한때 비즈니스(생계 수단 확보나 윤택한 생활 보장)가 성공하는 데에 글쓰기 실력이 큰 도움이 된다고 주장하던 작문 교사는 이를 입증해야 했다. 또한 뇌리에서 사라진 지 오래된 사실을 수집하는 어떤 전문가, 이를테면 고전학자는 그러한 정보가 인간의 복지에 이롭다는 점을 입증하지 못해 상대적으로 가치가 없다는 점을 시인할 수밖에 없었다. 즉, 단도직입적이든 함축적이든 모든 지식의 궁극적인 척도는 인간의 복리福利인 셈이다.

'어떻게 살 것인가?'는 중대한 물음이다. '어떻게 사느냐?'는 물질적인 의미에 국한되지 않는, 의미가 굉장히 넓은 문제다. 개별적인 것을 포괄하는 보편적인 문제는 모든 향방과 상황을 감안하여 행실을 바르게 규정한다. 이를테면 몸과 마음은 어떻게 단련할지, 업무는 어떻게 관리할지, 가족은 어떻게 부양할지, 어떤 각오로 시민답게 살지, 자연이 준 행복을 어떻게 활용할지(자신과 이웃의 유익을 최대한 끌어올리기 위해 재능은 어떻게 발휘해야 할지)는 모두 완벽한 인생의 묘안을 묻는 질문이다. '어떻게 살 것인가?'라는 주제는 사람이 마땅히 배워야 할 원대한 과제이므로 결국은 교육이 가르쳐야 할 바다. 완성된 삶을 준비하는 일은 교육이 감당해야 한다. 그렇기에 합리적인 교육과정을 위한 방안은 이 같은 기능을 실현하는 데 중점을 둬야 한다.

그러나 이러한 철학은 전부는 고사하고 일부도 활용된 적이 없다. 앞으로는 모든 사례를 통틀어 이를 체계적으로 적용해야 한다. 완성된 삶이야말로 우리가 성취해야 할 목표라는 점을 분명히 염두에 둬라. 그러면 이러한 목적을 세심히 감안하며 육아에 필요한 교과와 교수법을 선택하게 될 것이다. 유행하고 있는 교육법을 무비판적으로 수용해서는 안 된다. 여느 때의 유행과 나을 바가 없기 때문이다. 아이의 정서 계발을 주의 깊게 살펴야 할 지성인이라면 제한된 경험에 따르는 판단 방식을 하루빨리 탈피해야 한다. 이런저런 지식이 훗날에는 쓸모 있다거나, 이런 지식이 다른 것보다 더 실용적이리라는 '생각'만으로는 부족하다. 관심을 가져도 될 법한 지식을 가급적이면 충분히 '알 수 있도록' 지식 나름의 가치를 추정하는 과정도 모색해야 할 것이다.

물론 쉬운 과제는 아니다(어림잡더라도 이를 달성해 본 적은 없을 성싶다). 그러나 이해득실을 따져 본다면 어렵다고 소심하게 포기할 것이 아니라, 에너지를 모두 쏟아서라도 이를 성취해야 한다는 데 동의할 것이다. 체계적으로 착수해야만 크나큰 성과를 얻을 수 있다.

첫 단추는 생활에서의 주된 활동을 비중에 따라 구분한 것이다. 순위는 다음과 같다.

1. 자기 보존에 직결되는 활동
2. 생활 수단으로써 간접적으로나마 자기 보존에 직결되는 활동
3. 자녀의 훈육에 관한 활동
4. 사회·정치적 인맥을 적절히 관리하는 데 주안점을 둔 활동
5. 여가에 해당되며 취미와 취향을 만족시키는 다양한 활동

아래의 항목들은 위와 상하 관계에 속한다. 물론 개인의 안전

을 도모해야 하는 활동이나 예방 조치가 우위를 차지하는 경우
도 더러 있다. 인간이 자신을 보호할 줄 모른 채 무턱대고 세상에
나오면, 그간 얻은 지식이 얼마가 되었든 목숨을 잃을 공산이 크
다. 다른 방면의 지식에 아주 어두운 것보다 이러한 방면에 문외
한인 것이 더 위험하므로 자신의 목숨을 보존하는 데 직결된 지
식이 중요하다는 점은 마땅하다.

자기 보존 다음은 생활 수단을 얻는, 간접적인 자기 보존 활
동이다. 이를 두고는 이견이 없으리라 본다. 노동자로서의 기능
이 부모의 역할보다 우위를 차지한다는 점은 일반적으로 근로가
선행되어야만 부모로서의 기능을 감당할 수 있다는 사실에서 유
추한다. 자기 관리가 자녀 관리보다 우선하기 때문에 자기 관리
에 필요한 지식이 가족의 복리에 필요한 것보다 강력한 권리를
행사한다. 따라서 자기 보존에 직결되는 지식 다음으로 가치가
있는 것이다.

시간 순으로는 가정이 국가보다 우선하므로 (국가가 태동하기 전이
나 멸망했을 때에도 아이는 길러 왔고, 자녀를 길러야 국가가 존재하는 법이다) 시
민의 의무보다는 부모의 의무에 더욱 관심을 가져야 할 것이다.
논지를 좀 더 보강하자면, 사회의 공익은 시민의 성향에 좌우되
고, 시민의 성향은 다른 어떤 변수보다 조기교육에 따라 달라지
는 탓에, 결국 가정 복지가 사회 복지의 근간을 이룬다고 하겠
다. 물론 처음 말한 지식이 다음 것보다 우선한다.

비교적 무거운 책임이 따르는 업무를 마친 뒤에 즐기는 다양한 취미 활동(음악, 시, 회화 등)은 사회 안에서 이루어진다. 사회가 오랜 세월 정착하지 않았다면 여가가 발전할 리 없는데다, 여가 활동의 주제가 사회적 정서 및 공감대에 민감하지 않았을 것이다. 사회는 여가가 발전할 수 있는 환경을 조성한 주체로서 갖가지 생각과 정서가 담겨 있다. 따라서 바른 시민의식이 취향을 표현하고 재주를 발휘하는 것보다 더 중요하듯, 교육 면에서도 우선순위가 있게 마련이다.

이는 하위 항목을 열거하는 순서와도 같다. 이를테면 직접적인 자기 보존에 대비하는 교육 아래로 간접적인 자기 보존과 부모의 역할, 시민다운 품행, 그리고 삶의 청량제와 같은 다양한 여가 활동에 관한 교육이 하위에 속한다는 이야기다. 물론 각 항목이 정확히 나누어떨어지지 않는다. 각자 서로 얽히고설킨 까닭에 전체를 가르치지 않으면 어떤 교육도 제대로 이루어질 수 없다. 아울러 상위 항목이 하위 항목보다 더 중요하다는 점에도 이견의 여지가 없다. 예컨대 비즈니스에는 일가견이 있지만 그 밖의 재능이 젬병인 사람은, 부모로서 탁월한 판단력은 있지만 재력은 그저 그런 사람에 비해 인생의 완성도가 크게 떨어질 것이다. 또한 올바른 사회적 행동을 둘러싼 정보는 무한하나 문학과 교양이라는 대중문화 지식이 부족하다면, 정보력은 좀 떨어지더라도 다른 항목과 적절히 결합하는 것이 더 바람직해 보인

...........었다. 그 평가 기래라은 하의 항목이 ..... 것이다.

교육의 이상이란 각 항목에서의 완벽한 대비를 두고 하는 말이다. 그러나 이상을 이룰 수 없다면 사람마다 행동에 차등이 있을 수밖에 없는데, 현재로서는 각 항목을 '적절한 비율'로 대비하는 것을 목표로 삼아야 한다. 어떤 항목에서든 그것이 매우 중요하다손 치더라도 하나에 치우치거나, 둘이나 서너 가지 중요한 항목에만 관심을 두기보다는 가치가 가장 큰 것에서 가장 낮은 항목에 이르기까지 모두에 주안점을 두어야 할 것이다. 일반인은 삶에 보탬이 될 만한 항목에서는 완성에 가까워지는 교육을, 그렇지 못한 항목에서는 완성도가 낮은 교육을 바랄 것이다. (특정 지식에 대한 적성 덕분에 밥벌이가 가능한 경우도 잊어서는 안 된다.)

이러한 기준대로 교육을 관장할 때 고민해 보아야 할 문제가 있다. 완성된 삶을 이루는 데 문화가 필요할 때도 있지만, 그렇지 않을 때도 있다는 것이다. 본질적인 가치를 가진 지식이 있는가 하면, 본질에 유사한 가치 그리고 보편적인 가치를 내포한 지식도 있다. 예컨대 몸이 마비되는 과정에서 감각이 무뎌지고 피부가 얼얼해진다는 것, 물을 쓸어 가는 물의 저항이 속도의 제곱에 비례한다는 것, 그리고 염소가 살균제로 쓰인다는 것 등의 과학적인 사실은 대개 본질적인 가치를 가진 지식이다. 과학적와 ... 하는 것으로 생각되기도 한다. 하지만 이 같은 것은 언어의 혜택을 누려 온 우리와 여러 민족을 위해 지속되게 마련이나 모국어를 구사하는 기간에 한정될 것이다. 학교에서 역사(무의미한 사건과 날짜 및 이름의 연속)라는 한계를 뛰어넘는 지식은 보편적인 가치가 있지만, 인간의 행동과 아주 동떨어지지는 않았다. 현재 여론과 맞지 않는 것에 대한 불쾌한 비판을 피할 때만은 역사교육이 유용하다. 그러나 시대를 막론하고 온 인류에 적용되는 지식은, 한정된 기간이나 일부 민족에 국한된 지식보다 훨씬 중요하다. 본질적인 가치가 있는 지식은 같은 조건에서 본질에 유사하거나 보편적인 가치를 가진 지식보다 우위를 차지해야 마땅하다.

서두를 더 추가해야겠다. 무언가를 익힌다는 데에는 두 가지 가치, 즉 '지식'과 '훈육'으로서의 가치가 있다. 각 순서대로 얻은 정보는 행동의 가이드라인이 될 뿐 아니라 지적 훈련에도 보탬이 된다. 아울러 완성된 삶을 대비한다는 점도 배제할 수 없다.

지식과 훈육은 커리큘럼을 거론할 때 아울러 고려해야 할 개념이기도 하다. 예컨대 인생은 다양한 활동으로 구분되고, 중요도가 낮아지는 순서에 따라 여러 활동을 '본질적으로', '본질과 유사하게' 혹은 '보편적으로' 규정한다. 이렇게 활동을 규정하는 데 영향을 주는 주체를 지식과 훈육으로 본다.

다행히 자기 보존에 직결되는 교육은 이미 실시되고 있다. 실수가 잦은 인간의 손에 맡기기에는 너무도 중대한 문제가 교육인지라, 자연이 이를 스스로 감당하고 있다. 예컨대, 간호사의 품에 안긴 아기는 낯선 사람만 보면 얼굴을 숨기며 울어 젖힌다. 위험할지도 모를 미지의 대상을 피함으로써 안전해지려는 본능 때문이다. 걸음마를 떼고 나면 난생 처음 보는 개를 무서워하고, 놀랄 법한 광경을 보거나 소리를 들으면 즉시 엄마에게 달려가며 괴성을 질러 댄다. 본능이 점차 발달하고 있다는 증거이다. 아기는 시기마다 직접적인 자기 보존을 위한 지식을 습득하느라 바쁘다. 어떻게 몸의 균형을 잡고 움직임을 제어하여 충돌을 피할지, 어떤 물체가 딱딱하고 부딪치면 아플지, 무거운 물건은 무엇인지, 몸에 떨어지면 상처가 날 만한 것은 무엇인지, 체중을 감당할 수 있는 것과 그렇지 못한 것은 무엇인지, 화상을 입거나 무기 혹은 예리한 연장으로 다쳤을 때 느끼는 통증의 정도는 어떠한지 등 죽음과 사고를 피하는 데 필요한 다양한 정보를 학습한다. 그러다가 몇 년이 지나면 달리기, 등반, 점프, 그리고 기술과 체력으로 승부하는 경기로 에너지를 소모한다. 이처럼 근육이 발달하고 지각이 예리해지며 판단력이 빨라지는 활동을 통해 인간은 주변의 대상과 움직임을 감지하며 신체의 안전과 평소 일어나는 위험에 대비하게 된다. 이 같은 기초 교육에 대해서는 자연이 신경을 써주니(자연히 이루어지니) 인간은 개입할 필요가 거의 없으리라 생각할지도 모르겠다. 경험을 체득하고 훈육을 수용할 기회는 얼마든지 있다. 즉, 여학생들이 좋아서 하는 운동을 우매한 담당 여교사가 금지시킴으로써 위험에 대처하는 능력을 상대적으로 떨어뜨릴 일은 없다는 것이다. 그런 식으로 자연의 섭리가 좌절되는 경우는 없다.

하지만 이것으로 직접적인 자기 보존에 대비하는 교육을 모두 이해할 수는 없다. 자연재해로 입는 피해도 그렇지만 다른 원인으로 발생하는 상해, 즉 생리적 법칙을 어긴 탓에 걸린 질병이나 죽음 등에도 대비해야 할 것이다. 삶을 완성해 가려면 갑작스레 목숨을 잃는 사고뿐 아니라 백해무익한 습관으로 정상적인 생활이 어려워지는 것이나 건강을 서서히 약화시키는 일도 피해야 한다. 건강과 활력이 없다면 직장인, 부모, 사회인 등의 역할은 조금도 감당해 낼 수가 없으니까 말이다. 이처럼 직접적인 자기 보존에 관한 부차적인 지식은 1순위에 비해 중요성이 조금은 떨어지지만, 자기 보존에 관한 지식이기에 순위가 매우 높아야 할 것이다.

사실, 여기에도 자연은 길잡이를 마련해 두었다. 신체적 감각과 욕구를 통해 인간이 주된 요건에 순응토록 한 것이다. 기근, 폭염, 극한이 무시해 버릴 수 없는 자극이라는 것은 인간에게는 매우 다행스런 일이다. 인간은 강도가 약한 자극에도 순응하며 살아온 까닭에 피해가 거의 없었다. 예컨대 몸이나 머리가 피곤하면 매번 일을 중단하거나, 폐쇄된 공간에 있으면 답답해서 환기를 시킨다거나, 출출하면 식사를 하거나, 목이 마르면 물을 마시는 식으로 행동하면 신체기관은 정상적으로 돌아갈 것이다. 그러나 생명의 원리에 무지한 사람은 (장기간 불응해서 상태가 심각해지지만 않는다면) 오감이 듬직한 길잡이라는 사실을 알 리 없다. 목적만 말하자면, 자연은 건강을 지키는 안전장치를 제공했지만 무지한 인간이 이를 무용지물로 만든 셈이다.

생리학이 완성된 삶의 수단으로서 중요하다는 데에 수긍할 수 없다면 주변을 한번 둘러보라. 훗날에도 아주 건강한 사람이 몇이나 될지 보라. 젊을 때의 건강이 노년에까지 이른 사람은 가끔 볼까 말까 하지만, 급성 및 만성 장애와 무기력증, 조기 노쇠증후군 증상을 보이는 사람은 시시각각 부딪치지 않던가? 조금만 알아도 극복할 수 있는 병에 걸려 보지 않은 사람은 거의 없다. 세균에 노출되어 류마티스열을 앓다가 심장병 환자가 되었다거나 과로 때문에 시력이 급격히 떨어진 사람도 더러 있다. 경미한 부상을 입은 후 통증이 있는데도 무릎을 무리하게 쓰다가 절름발이가 된 사람이 있다는 소문이 어제 돌았다면, 오늘은 머리를 너무 써서 심계항진에 걸렸는데 이를 몰라 수년간 병상 신세를 져야 한다는 소식이 들리는 실정이다. 무리하게 힘을 자랑하고, 하지 않아도 될 중노동을 도맡은 탓에 회복 불가능한 부상을 입었다는 기사도 눈에 띈다. 경미한 질환으로 몸을 제대로 쓰지 못한다는 이야기도 사방팔방에 널려 있다. 자연적인 통증과 피로, 우울증, 시간과 돈 낭비도 문제겠지만, 건강이 나빠지면 본분에 얼마나 큰 차질이 빚어질지 상상해 보라. 업무가 원활히 돌아가지 않는데다 마비될 때도 더러 있을 테고, 분노를 참지 못해 육아도 그르치며, 시민다운 역할도 감당할 수 없을 것이다. 물론 여가도 즐거울 리 없다. 건강을 악화시킨 죄악이야말로 (선조와 우리에게 각각 책임이 있다) 가장 길게 수명을 도려내고, 삶의 기쁨과 자선은커녕 부담과 패착으로 작용한다는 게 분명하지 않은가?

또한 그러한 인생은 비운을 맛보는 것뿐만 아니라 돌연 종국에 이르기도 한다. 사람이 질병이나 장애를 극복하면 다시 예전으로 돌아간다는 주장은 어불성설이다. 통념이 그러한데, 정상적인 기능을 저해한 주체는 소멸하지도 않고 상황을 과거로 돌려놓을 수도 없기 때문이다. 모든 경우를 통틀어, 피해는 죽을 때까지 지속되게 마련이다. 당장은 모를 수 있겠지만 그대로 잔존한다는 이야기다. 엄격한 회계장부를 든 자연은 수명이 줄어들었다는, 반갑지 않은 소식을 들려줄 것이다. 경미한 외상이 누적되면 일찌감치 체질이 약화되고 기능이 망가지고 만다. 평균 수명이 최장 수명을 얼마나 밑돌지 돌이켜 본다면 잃는 것이 매우 큼을 알게 될 것이다. 악화된 건강으로 줄어들 수명에 이것까지 덧붙여 생각해 보면 결국 수명의 절반 이상이 날아가 버린다는 사실을 깨닫게 된다.

따라서 건강을 지킴으로써 직접적인 자기 보존에 보탬이 되는 지식은 무엇보다 중요하다. 물론 어떤 수단으로든 이런 지식만 습득하면 된다는 뜻은 아니다. 현 문명에서는 인간의 욕구가 일탈을 불러일으키기도 하지만, 뻔히 알면서도 당장의 만족을 위해 장래의 결과를 도외시하는 경우도 더러 있다. 애당초 타고난 성정 때문에 굳이 강요하지 않아도 그러하다. 그러나 필자는 올바로 각인된 바른 지식이 큰 파급효과를 낳는다는 점을 역설하고 싶다. 건강의 원리는 우선 머리로 깨달아야 완벽히 적용할 수 있으므로 건강한 삶에 대한 지식이 전해져야 마땅하다. 건강과 왕성한 혈기는 행복을 구성하는 최대 변수이고, 이를 관리하는 요령을 가르치는 것은 무엇과도 대체할 수 없을 것이다. 따라서 보편적인 사실과 일상적인 행동의 관계를 이해하는 데 필요한 생리 과정은 합리적인 교육의 필수 요소라고 할 수 있다.

당연한 주장인데 굳이 왜 하나 싶을 것이다! 하지만 변론까지 해야 하니 참으로 어처구니가 없다! 필자의 주장을 비방하듯 받아칠 인간들도 적진 않을 것이다. 이피게니아phigenia[5]의 'e'에 강세를 잘못 찍어 얼굴이 붉어지고, 신화 속 반신반인의 전설을 모

---

[5] 그리스의 신화에 등장하는 미케네 왕 아가멤논과 클리타이미네스트라의 딸. – 옮긴이주

른다는 타박에 모욕을 느끼며 화를 내는 사람이 유스타키오관의 위치나 척수의 기능, 정상적인 맥박 수나 폐가 팽창하는 원리에 대해서는 몰라도 창피한 줄 모른다. 2000년도 더 된 신화를 잘 모르는 아들에 대해서는 조바심을 낼지언정, 제 몸뚱이의 구조와 기능을 배워야 한다는 점에 대해서는 별 관심이 없다. 아니, 그런 교육이 왜 필요하냐는 입장이다. 고정된 편견이 얼마나 무서운가! 교육계도 실용보다 장식에 치중하고 있다!

경제력을 늘려 결과적으로 간접적인 자기 보존에 도움이 되는 지식은 군이 그 가치를 역설할 필요가 없다. 사람이라면 누구나, 아니 대중이 인정하니 유일한 교육 목적으로 간주해도 무방할 것이다. 생업에 적합한 교육이 매우 중요하다는 추상적인 주장에 모두가 동조하고, 이를 최우선으로 여길 테지만 정작 이를 위해 어떤 교육이 적합한지 묻는 사람은 거의 없다. 독서, 작문, 산수는 실용성이 인정되어 교과로 채택되었다. 실용적인 교과는 그것이 거의 전부다. 다른 교과도 많지만 산업 활동과는 전혀 관계가 없다. 산업 활동과 연관된 방대한 정보가 아주 뒤로 밀려나고 만 것이다.

조그만 교실을 나온 사내가 고용될 분야는 어딜까? 대부분 제품 생산과 가공 혹은 유통 분야이다. 그렇다면 생산, 가공, 유통의 효율성은 무엇이 결정할까? 늘 그렇듯, 제품의 성질에 맞는 방법을 활용하고, 물리적·화학적인 특성을 충분히 파악해야 효율성이 높아질 것이다. 즉, 과학이 효율성을 결정한다는 이야기다. 교과과정에는 거의 반영되지 않은 이러한 지식 체계는 모든 공정의 근간이 되는데, 개화된 사회는 그래서 과학교육을 중시한다. 부인할 수 없는 이러한 사실은 매번 우리와 맞닥뜨리지만 실제로 누구도 이를 의식하지 않는 것 같다. 너무 익숙해서 되레 외면당한 격이랄까. 논지에 무게를 실으려면 이러한 사실을 속히 검토하여 독자를 일깨워 주어야 할 것이다.

고도의 건축 기술에도 수학이 필수다. 마을에 가게를 낸 목수는 합리적인 교육을 받지 못해 도제 시절에 배운 경험을 바탕으로 작업하는데, 브리타니아교Britannia Bridge를 만든 건설업자처럼 정량 관계의 법칙을 매시간 확인한다. 토지 측량사를 비롯하여 저택 설계사와 견적서를 작성하는 건설업자, 기반을 닦는 현장감독, 석재를 절단하는 석공, 철골을 세우는 기능공 등은 모두 기하학의 도움을 받는다. 철도 공사에는 처음부터 끝까지 수학이 관여한다. 도면을 제작하고, 경계를 표시하고, 조림과 제방을 측정하고, 교량, 지하 배수로, 고가교, 터널, 정류장을 설계하고 건설할 때도 그렇다. 해안을 따라 전국 곳곳에 설치된 항구와 부두, 교각, 그리고 지면 아래로 연결된 광산도 수학과 관계가 깊다. 천문학에 응용되는 기하학은 항해술을 발달시켰다. 기하학 덕분에 인구 대다수를 먹여 살리고, 생필품과 고가의 명품을 공급하는 무역업이 가능해진 셈이다. 요즘에는 농부도 배수관을 설치할 때 수준측량기를 꼭 쓴다. 기하학의 원리에 의존하는 것이다.

'공간'과 '수'를 다루는 수학 분야에서 이번에는 '힘'을 다루는 분야를 살펴보자. 수학과 마찬가지로, 물리 역시 학교에서는 거의 배운 적이 없다. 우리는 살아가며 물리학이 주축이 되는 일과 마주하게 될 것이다. 현대 제조업은 유리역학rational mechanics을 응용한 덕택에 성공했다. 지렛대, 바퀴, 차축 등은 기계와 관계가 깊다. 굳어진 역학 정리가 기계가 된 셈이다. 당시 생산 라인은 대부분 기계 설비 덕에 가동될 수 있었다. 이번에는 모닝롤breakfast roll의 역사를 추적해 보자. 경작지에는 기계가 제작한 타일이 배수관을 둘렀고, 표토는 기계가 갈아엎었으며, 종자도 기계가 뿌리고, 밀도 기계가 일일이 수확해서 타작과 키질을 했다. 밀을 갈아 체질을 하는 것도 기계의 몫이었다. 이후 밀가루는 항구 도시 고스포트Gosport로 보내지는데, 비스킷 역시 기계의 작품일 것이다. 지금 앉아 있는 방 주변을 둘러보라. 현대식 건물이라면 벽돌도 기계가 만들었을 테고, 바닥재 톱질과 대패질뿐 아니라, 선반을 톱으로 썰고 광을 내는 것, 도배지를 제작하고 인쇄하는 것, 테이블에 까는 베니어합판, 의자에 달린 굽은 다리, 카펫, 커튼 등도 모두 기계가 만들어 낸 것이다. 그렇다면 무늬가 없든 많든, 날염을 했든 하지 않았든, 당신의 옷도 일부는 수작업이 아니라 기계가 짠 것은 아닐까? 지금 읽고 있는 책의 페이지를 어떤 기계가 제작했다면 글자 역시 어떤 기계가 입히진 않았을까? 우리는 육로와 해로를 통한 교통수단의 신세도 지고 있다. 따라서 개인이든 국가든 역학원리가 얼마나 목적에 맞게 쓰이느냐에 따라 성패가 좌우된다는 점을 명심하라. 예컨대 엔지니어가 자재의 강도를 잘못 적용하면 교량은 속절없이 무너져 버리고, 장비를 대충 설계한 제조업자는 장비의 마찰과 관성 면에서 효율이 뛰어난 제조업자를 이길 수 없을 것이다. 옛 모델을 고집하는 조선 기사는 물결선 원리를 적용한 기사에게 추월당하게 마련이다. 국가 경쟁력 또한 기업의 숙련된 활동에 좌우되는데, 이를 깨닫는다면 국운이 달라질지도 모른다. 수학의 가치를 다시금 생각해 보라.

수학과 더불어 물리학은 수백만 명의 노동력과 맞먹는 증기기관을 세상에 '기증'했다. 물리학의 열역학 법칙은 여러 산업에서 연료를 절약하는 것은 물론, 열풍을 냉풍으로 대체함으로써 용광로의 생산성을 향상시키고, 광산을 환기시키고, 안전등을 활용하여 폭발을 막는가 하면, 온도계로 수많은 공정을 처리하는 방안도 일러 주었다. 광학 분야에서는 물리학이 노안과 근시의 시력을 교정해 주었고, 현미경을 통해 병원체와 불순물을 검출하는 데 보탬이 되었으며, 등대를 개선하여 난파를 막기도 했다. 아울러 전자기 분야에서는 물리학이 나침반을 개발하여 재산과 생명을 보호해 왔고, 전기판으로 다양한 예술을 지원하는가 하면, 전보를 발명함으로써 무역거래를 규제하고 정당이 서로 교류하며 국가 분쟁을 피할 수 있도록 대행을 세우기도 했다. 그렇다면 집 안은 어떨지 꼼꼼히 살펴보자. 가스레인지를 비롯하여 거실 테이블에 둔 입체경[6] 등, 첨단 물리학을 통해 우리는 안락한 삶을 영위할 수 있게 되었다.

인간의 생업과 훨씬 관계가 깊은 분야는 단연 화학이다. 표백제와 캘리코 염색제 인쇄기 등은 화학 원칙에 부합하느냐에 따라 성패가 갈려 왔다. 구리, 주석, 아연, 납, 은, 철광석을 경제적으로 줄이는 문제는 대개 화학에서 다룬다. 설탕 정제, 가솔린 제조, 비누 정련, 화약 제조 또한 화학이 적용되는데, 유리와 자기를 생산할 때도 그러하다. 증류주 생산자의 작업이 알코올 발효에서 멈출지 초 발효로 넘어갈지, 맥주 양조업자가 (회사 사정만 넉넉하다면) 화학 전공자를 직원으로 채용할지도 화학이 결정할 문제다. 기술과 관련된 작업을 슬쩍 훑어보면 미술이나 제조업에서 일부라도 화학이 관여하지 않은 과정이 거의 없다는 사실을 깨달을 것이다. 농업도 수익을 거두려면 화학이라는 길잡이가 필요하다. 비료와 토양을 분석하여 이를 교차 적용하는 것, 암모니아를 응고시킬 때 쓰는 석고 같은 물질과 분석糞石[7]을 활용하

---

6) stereoscope, 하나의 물체를 다른 각도에서 찍은 두 장의 사진을 동시에 봄으로써 물체를 입체적으로 보이게 하는 기기. – 옮긴이주

7) 동물 배설물의 화석. – 옮긴이주

는 것, 인공 비료를 생산하는 것 등, 이 모두가 화학의 축복이다. 딱성냥, 하수처리장, 사진, 발효과정을 거치지 않고 구운 빵이나 폐기물에서 추출한 향수를 보면 화학이 산업 전반에 영향을 주고 있으며, 산업에 직간접적으로 관련된 사람이라면 누구나 화학과 무관하지 않다는 사실을 깨닫게 될 것이다.

다음은 생명을 연구하는 과학인 생물학 차례다. 생물학도 간접적인 자기 보존에 근본적으로 관계가 있지 않겠는가? 일반적인 제조업은 생물학과 별다른 관계가 없지만 본질적인 제조업과 생물학은 떼려야 뗄 수 없는 관계다. 농업에서는 동식물의 생장에 맞게끔 농사법을 적용해야 하므로 이를 연구하는 생물학이야말로 농업의 근간이라야 옳을 것이다. 농부가 몸소 실천해 온 생물학적 사실(이를테면 비료가 맞는 식물이 따로 있는가 하면, 어떤 작물과는 달리 특정 토양에는 작황이 썩 좋지 않은 농작물이 있기도 하고, 말은 사료가 부실하면 일을 제대로 부릴 수가 없으며, 우양의 이런저런 질병은 이런저런 원인으로 발생한다는 것 등)은 경험으로 입증되었으나 여태껏 이를 과학으로 인정한 적은 없었다. 동식물의 올바른 관리에 대해 농부가 몸소 체득한 상식과 앞서 언급한 지식은 그 양에 따라 성패가 좌우될 것이다. 생물학적 지식은 아무리 빈약하고 애매하고 어설프더라도 농부에게 큰 도움이 된다. 그러니 넉넉하고 분명하고 철저하다면 얼마나 더 소중한 자산이 되겠는가. 생물학이 농부에게 베풀 은혜는 조만간 직접 겪게 될 것이다. 동물에게서 열이 발생한다는 사실은 에너지가 낭비되고 있다는 증거이기에 열 손실을 방지하면 사료의 낭비를 막을 수 있다는 결론이 나온다(어디까지나 이론일 뿐이지만). 즉, 이 지식대로 소의 체온을 유지한다면 사료가 절약될 것이다. 다른 가축에서도 마찬가지다. 생리학자가 실시한 실험에 따르면, 사료를 바꾸는 것도 좋지만 소화가 촉진되도록 사료의 성분을 배합하는 것도 방법이 될 수 있다고 한다. 두 가지 지식이 목축에 기여하고 있는 셈이다. 한편 회선병回旋病으로 알려진 질병은 매년 수천 마리 양의 목숨을 앗아 가는데, 뇌를 압박하는 기생충이 원인이다. 표시해 둔 연골 부분을 통해 이 기생충 녀석을 적출해 내면 양이 회복된다고 한다. 이 또한 농업이 생물학의 신세를 지고 있다는 증거이다. 영국과 유럽 대륙의 농업은 서로 현격한 대조를 이룬다. 과학이 영농에 행사하는 영향력이 각각 다르기 때문이다. 매일 벌어지는 경쟁으로 농부들은 과학적인 방법론을 더 채택하게 되었고, 그래야만 했다. 머지않아 잉글랜드의 영농은 동식물의 생리에 밝지 않으면 성공할 수 없을 것이다.

내친김에 산업 발전의 일등공신인 사회학도 살펴보자. 금융 시장의 현황을 매일 확인하고, 현재 시세를 훑어보고, 수익성이 있어 보이는 옥수수, 면화, 사탕수수, 양모, 비단을 논하고, 전쟁이 벌어질 확률을 가늠해 보는 등, 여러 데이터를 감안하여 상업 활동을 결정한다면 그 사람은 '사회학'이라는 말은 몰라도 이미 사회과학을 연구하는 학도와 같다. 아직은 서툴고 경험이 전부인 줄 알겠지만 말이다. 판단의 옳고 그름에 따라 수익을 내기도 손해를 보기도 하는 학자랄까. 제조업자와 상인은 각종 데이터를 통해 사회의 보편적인 원리를 깨닫고, 수요와 공급을 계산하여 이를 거래의 지침으로 삼아야 한다. 유통업자도 예외는 아니다. 향후 도매가와 소비율을 정확히 판단할 줄 알아야 수익을 낼 수 있기 때문이다. 지역사회에서 상업 활동을 하는 모든 주체라면 다양한 상업의 이치를 알고 싶어 할 것이다.

따라서 제품의 생산이나 거래 혹은 유통 분야에 몸담은 사람이라면 해당 부서와 관련된 과학 지식에 친숙해지는 것이 무엇보다 중요하다. 어느 산업에든 직간접적으로 발을 담근 사람은 누구나 수학, 물리학, 화학에 관심을 갖게 마련이다(그러지 않는 사람은 거의 없다). 생물학도 그렇겠지만 사회학에 대해서는 분명 흥미를 느낄 것이다. 간접적인 자기 보존의 성패는 한두 개 이상의 과학 지식에 크게 좌우된다. 합리적인 지식이 아니라, 경험으로 체득한 지식으로도 그렇다. '비즈니스를 배운다'는 것은 굳이 과학을 운운하지 않더라도 비즈니스와 관련된 과학을 습득한다는 뜻이 내포되어 있다. 그래서 과학의 기초 교육이 매우 중요한 것이다. 기초 교육은 모든 과학에 입문하는 도화선이 되기 때문이다. 합리적인 지식이 경험적인 지식보다 크게 득세하고 있다는 점도 기초 교육이 중요한 이유다. 제조업자나 유통업자가 자신이 처리해야 할 공정에서 요령을 깨달으려면 각 지식에 과학을 입혀야 할 것이다. 다른 공정을 두고도 그것들을 파악하기 위해서는 기초 교육이 대단히 중요하다. 합자 프로젝트가 성행하는 요즘에는 노동자 위에 있는 대부분의 사람들은 자본주의자답게 본업과는 다른 업종에 관심을 쏟는다. 그럴 경우, 타 업종과 관련된 과학 지식이 득실을 좌우하는 경우가 더러 있다. 예를 들어 수많은 주주가 막대한 손해를 입어 쇠락의 늪에 빠져든 광산이 있다고 치자. 구적사암에서 화석이 출토되었는데, 구적사암 아래에 석탄이 없다는 사실을 몰랐던 것이 화근이었다. 몇 년 전에는 굽고 있는 빵에서 알코올을 증류해 낼 수 있다는 말에 사기를 당해 2만 파운드가 증발한 사건이 있었다. 발효하는 중에는 밀가루가 100분의 1도 달라지지 않는다는 사실을 알았더라면 손해 보지 않았을 것이다. 증기기관을 대체할 요량으로 전자기 기관을 제작하려 했던 적도 한두 번이 아니다. 투자자가 힘의 상관관계 및 등가에 대한 원리를 이해했더라면 잔고가 더 많이 남아 있을 텐데, 안타까울 따름이다. 과학을 잘 모르는 풋내기라도 무용지물로 보이는 발명품에 자금을 대는 작자는 늘 존재한다. 불가능한 프로젝트 몇 가지로 막대한 자금을 날린 지방자치단체도 수두룩하다.

과학 상식의 부족으로 돈을 허비한 빈도와 그 규모는 너무도 크기 때문에 앞으로도 과학을 모른다면 그 피해는 훨씬 증가할 것이다. 신속한 생산 공정이 과학에 근거를 두므로 경쟁력이 있다는 것은 곧 과학에 충실하다는 뜻이 된다. 합자 프로젝트가 발빠르게 확산되듯, 과학 지식의 필요성 또한 모든 이에게 속히 확산될 것이다.

교육과정을 거의 빼고 나면 생계에 필요한 비즈니스가 주류를 이루게 마련이다. 교육의 종말이 선포된 후에도 습득할 만한 지식이 없다면 산업은 중단될 것이다. 수세대를 거쳐 비공식적인 수단을 통해 누적·확산된 지식이 없다면 앞서 언급한 산업은 애당초 존재하지 않았을 것이며, 공립학교에서 전수된 지식 외에 가르친 바가 없다면 지금 잉글랜드는 봉건시대로 퇴보했을 것이다. 인간은 세대를 거듭할수록 자연법칙에 익숙해지면서 자연에서 욕구를 충족시켰고, 몇 세기 전에는 왕도 살 수 없었던 편의시설을 이제는 일반 노동자도 마음껏 누릴 수 있게 되었다. 자녀 교육 덕분은 절대 아니었다. 오늘날 한 민족을 이룬 공동체와 전인격의 근간을 이룬 중차대한 지식은 변두리 구석에서 우리가 스스로 깨우친 결과이며, 기존의 교육기관은 죽은 공식만 중얼대고 있었다.

인간을 배려하지 않는 교육

이번에는 인간의 활동 중 준비 단계를 거치지 않는 세 번째 범주를 살펴볼 차례다. 경위야 어떻든, 먼 미래에 이르기 전에 대가 끊기고 산적한 교과서와 대학 필기고사 시험지만 후대에 내려온다면 미래의 고고학자는 정말 황당할 것이다. 언젠가는 결혼을 해서 가정을 이루어야 할 터인데, 이를 암시하는 증거가 당최 보이질 않으니 말이다. "독신주의자를 겨냥한 '커리큘럼'인가 보군"과 같은 추측 외에 이런 상상도 가능하다. "갖가지 일에 공들여 대비한 흔적이 눈에 띈다. 오래전에 사라졌거나 공존하던 민족을 서술한 책(역사)은 읽은 것 같지만(모국어로 읽을 가치는 거의 없어 보인다) 왠지 육아를 두고는 이렇다 할 글이 없다. 정신이 온전한 사람이라면 그렇게 중차대한 의무를 전부 뺄 리가 있나? 그러니 (결혼을 하지 않는) 수도회의 교육과정이랄 수밖에."

진지하게 따져 보자. 당신의 생사화복이 자녀 교육에 달려 있는데 예비 부모에게 이에 대한 지침이 한 자도 전해지지 않는다면 정말 놀랍지 않겠는가? 신세대의 운명이 터무니없는 관습과 충동과 망상(색안경을 낀 할머니의 잔소리와 무지한 간호사의 충고도 예외는 아니다)에 좌우된다면 얼마나 어처구니가 없으랴? 상인이 산수와 부기簿記에 대한 지식도 없이 창업을 서두른다면, 우리는 그의 어리석은 결심에 야유를 보낼 것이다. 실패가 불 보듯 뻔할 테니까. 어떤 이가 해부학을 공부하기 전에 수술을 집도한다면 우리는 그의 무모한 작태에 기겁할 것이다. 환자는 또 무슨 죄인가? 하지만 길잡이 역할을 할 원칙(지덕체)을 감안하지 않더라도 부모가 육아라는 힘겨운 사역을 개시한다 해서 놀라울 일도 연민을 느낄 일도 없을 것이다.

체질이 허약해서 사망하는 아이가 수천이라면, 허약해도 가까스로 연명하는 아이는 수십만이요, 체질은 좀 떨어져도 무럭무럭 자라는 아이가 수백만이라고 치자. 그렇다면 부모가 생명의 원리를 모를 경우, 그것이 자녀에게 저주가 될 수 있다. 가령 아이에게 매시간 일러 주는 양생법이 평생 이로울 수도 있지만 해가 될 수도 있다면 어떨까? 혹은 바른 길은 한 가지인데 틀린 길이 스무 가지라면 마구잡이식의 경솔한 관습이 가져다준 폐해로 언제 어디서 부딪칠지 모른다. 날이 추운데 사내아이에게 얇은 반팔 셔츠와 반바지를 입히고는 팔다리가 동상에 걸려 벌게질 때까지 놀러 다니도록 내버려 둘 부모가 있을까? 혹시라도 있다면 그런 판단은 자녀를 비롯한 후세에 악영향을 미칠 것이다. 이를테면 병에 걸린다거나, 성장이 멈춘다거나, 체력이 부족해진다거나 혹은 발달이 더뎌져 결국에는 성공과 행복에 걸림돌이 된다는 것이다. 자녀의 식단이 달라지지 않거나 영양소가 부족하다면 어떻게 될까? 체력도 그렇지만, 성인이 되어도 일의 능률이 떨어질 것이다. 아이가 시끄럽게 떠들지 못하게 하겠는가? (옷을 벗고 돌아다닌다면) 날씨가 추울 땐 집 안에만 두겠는가? 그러면 여느 때보다는 체력이나 건강에 문제가 생길 게 분명하다. 자녀가 잔병치레도 잦고 허약하면 부모는 재수가 없어 그런다고 치부한다. 신이 개입했다는 사람도 있다. 이처럼 사회에는 혼란이 만연하다. 그들은 아무런 이유도 없이 불행이 찾아온다며 낙심하거나, 초자연적인 원인에 무게를 두기도 한다. 하지만 사실은 그렇지 않다. 몇몇 사례를 보면 원인이 대물림되는데, 우매한 규정이 원흉인 경우가 대다수를 차지한다. 일반적으로 고통, 허약 체질, 우울증, 그리고 불행의 책임은 부모에게 있다고 봐야 한다. 부모는 자녀를 시시때때로 보살펴 왔다. 그러나 무관심한 탓에 육아에 대해서는 전혀 배울 생각이 없었고, 아주 단순한 생리 법칙도 몰라 매년 자녀의 체질을 저하시키고, 그들뿐 아니라 손주에게도 질병과 돌연사의 원인을 제공하기도 했다.

신체에서 도덕으로 교육의 화제를 바꾸어도 무지와 그에 따른 결과는 매우 심각했다. 젊은 엄마만의 육아 방침을 생각해 보라.

학창시절로 거슬러 올라가 보면, 숱한 용어와 이름 및 날짜 등이 머릿속을 가득 메웠기에 사고력은 조금도 발휘할 기회가 없었다. 유아의 열린 사고에 어떻게 대응해야 할지 무엇 하나 제대로 배운 적도 없거니와, 제 나름의 노하우를 고안해 낼 형편도 못 되었다. 음악과 자수, 독서 및 파티 등으로 수년을 보내고 나니 엄마가 감당해야 할 중대한 책임에 대해서는 생각할 겨를이 없었던 것이다. 그런 책임에 관한 지식도 그다지 건실하진 못했다. 책임감 있는 엄마의 역할이 눈앞에 펼쳐졌지만, 깊이 있는 지식의 도움을 받더라도 미흡할 수밖에 없었고, 몸소 해결해야 할 과제에 대해서는 여전히 무지했다. 감정의 본질과 발달 순서와 기능, 그리고 어느 정도가 실용적인 지식인지 아는 바가 없다. 어떤 감정은 아주 나쁘고, 어떤 감정은 아주 좋다고 단정하겠지만 그런 이분법은 존재하지 않는다. 아이 엄마는 자신이 감당해야 할 일도 잘 모르지만, 그 후의 결과도 알 리 없다. 이때 벌어질 끔찍한 결과보다 더 뻔한 것이 있을까? 정신적 현상과 그것의 인과관계를 모른다면 굳이 개입하는 것보다는 아주 방관해 버리는 편이 나을 수도 있다. 정상적이고도 유익한 행동을 엄마가 번번이 좌절시키는 것은 자녀의 행복에 찬물을 끼얹는 것이나 진배 없으니까. 게다가 자신과 아이의 마음에 상처를 주어, 둘의 관계도 소원해질 것이다. 엄마가 생각하기에 바람직한 처신은 당근과 채찍을 동원하거나, 박수 받고 싶어 하는 욕구를 불러일으켜 어떻게든 아이의 행동을 유도하는 것이다. 겉으로 보이는 행동이 마음에 들면 내적 동기는 고려하지 않기 때문에 선의보다는 위선, 두려움, 그리고 이기심을 부추길 것이다. 겉으로는 진실의 당위성을 주장하지만, 시늉뿐인 협박성 벌칙으로써 끊임없이 거짓의 본을 보인다는 것이다. 자제력을 계발한다면서도 한편으로는 시키지 않은 짓을 했다는 이유로 걸핏하면 어린 녀석을 혼내기 일쑤다. 아이의 행동에 대해서는 좋든 나쁘든, 자연스러운 결과(유쾌하거나 불쾌한 결과)를 스스로 감당케 하는 것이 바람직한 육아법이라는 것을 전혀 모르고 있기 때문이다. 이론적인 지침도 없고, 아이의 인지과정을 추적하여 이를 길잡이로 삼을 역량도 없기에 엄마의 육아법은 충동적인데다 일관성도 없다. 그래서 감당하기 어려운 결과를 부추기고 있는 것이다.

그럼 지성인이라면 어떨까? 그 역시 관리가 엉망이지 않을까 싶다. 어떤 현상이 해당 법칙을 따르듯, 아이의 인지발달도 그 법칙을 따른다면, 법칙을 알아야 교육이 바로 선다는 것이 당연한 결론이다. 인지과정의 본질도 이해하지 못하면서 이에 관한 사상을 올바로 규정할 수 있다는 주장은 어불성설에 지나지 않는다. 학부모는 말할 것도 없고 교사 또한 심리학을 모른다면 본연의 가르침과 이상적인 가르침의 격차가 얼마나 벌어지겠는가? 그런 의미에서 현 제도는 처리 방식이 아주 잘못되었다고 볼 수 있다. 바른 지식의 범주는 보류하고, 그릇된 지식의 범주는 방법과 순서를 뒤죽박죽으로 섞으면서까지 강요하니 말이다. 책으로 습득하는 지식이 교육이라는 짧은 생각을 가진 부모는 일찌감치 어린 자녀의 손에 입문서를 쥐어 주어 크나큰 피해를 초래해 왔다. 책의 역할은 어디까지나 보조적 수단(직접적 수단이 없을 때 간접적으로나마 지식을 얻는 수단)이라는 사실을 망각한 채 그들은 몸소 체득한 사실 대신 간접적으로 습득한 사실을 전수하기 위해 안간힘을 썼다. 책은 스스로 볼 수 없는 지식을 타인의 눈을 통해 들여다보는 수단에 불과한데도 말이다. 사람들은 취학 이후 몇 년간 지속되는 교육의 자율적 가치를 의식하지 못한다. 방관이나 감시가 아니라, 아이가 쉴 새 없이 돌아다니고 관찰하며 얻는 호기심을 꾸준히 유도하고, 가급적이면 관찰의 정확도나 완성도를 높여야 한다는 사실을 망각한다. 그러고는 선뜻 이해할 수도 없고 유쾌하지도 않은 지식을 아이의 눈과 생각에 주입해야 한다고 역설한다. 지식의 상징이나 지식 자체를 숭배하는 미신에 빠져 가구, 도로, 토지가 돌아가는 현황을 훤히 꿰고 있을 때 비로소 책이 제공하는 새로운 정보를 도입해야 한다는 점을 모르고 있다. 몸소 체득한 지식이 간접적으로 얻은 것보다 훨씬 가치 있을 뿐 아니라, 경험이 있어야 책에 담긴 어구를 바르게 해석할 수 있다. 너무나 일찍 시작하는 정규교육은 여태 지속되어 왔지만 정신발달의 원리에 대해서는 거의 언급하지 않았다. 지적 발달 과정은 구체적인 것에서 추상적인 것으로 이루어지게 되어 있다. 그럼에도 문법과 같이 나중에 배워야 할 추상적인 과목이 너무 이른 시기에 도입되고 말았다. 이미 없어진데다아이가 흥미를 느끼지 못하는 정치지리학은 사회학 부록으로서일찌감치 자리를 잡은 반면, 자연지리학은 아동도 이해할 수 있고 비교적 재미있게 배울 수 있지만 정규과정에서 제외되었다. 거의 모든 주제가 이처럼 비정상적인 순서로 배열되고 있다. 이를테면, 정의, 원칙, 원리가 밝혀야 할 대상이 아니라, 교육해야할 대상이 된 것이다. 그러고 나니 주입식 학습이라는 폐단(문자를 머리에 넣기 위해 생각을 포기하는 학습)이 전국에 확산되었다. 결과는어땠을까? 사고력을 조기에 막고, 교과서 집중을 강요하여 인지력이 무뎌지고, 교과를 이해하기 전부터 머릿속에 혼란이 가중되고, 남의 아이디어를 무비판적으로 수긍하게 만들어 적극적인탐구자의 길에서 멀어지게 하고, 재능을 소진시킨 탓에 두뇌가생각만큼 효율적으로 돌아가는 사람을 찾아보기 힘들어졌다. 일단 시험에 붙으면 책은 딴 데에 치워 둔다. 그간 습득해 온 지식은 대부분 정리되지 않아 조만간 기억에서 사라지고, 나머지는대개 비활성 상태로 남을 것이다. 지식을 적용하는 기술을 여태계발한 적이 없는데다 정확한 관찰력이나 독자적인 사고력도 거의 사라졌다. 머릿속의 지식은 대부분 상대적으로 가치가 떨어지고, 중대한 정보는 대거 자취를 감추고 말았다.

직관적으로 추론했을 성싶은 지식을 두고 한 말이다. 아동교육(지덕체를 겸비한 전인교육)에는 결함이 많다. 아동교육이 바른 길잡이가 되도록 도와줄 지식을 부모가 모르기 때문이다. 해결책에 대해 고민해 본 적이 없는 사람이 가장 난해한 문제를 떠안았다면 무엇을 기대할 수 있겠는가? 구두를 만들거나, 집을 세우거나 혹은 선박이나 증기기관을 관리하려면 전문가의 도제가 되어 오랫동안 배워야 한다. 사람을 교육하는 것이 비교적 단순해 보여도 아무런 준비 없이 아이를 감독하고 통제할 수 있겠는가? 그렇지 않다면, 즉 자연계에서 가장 복잡한데다 작업도 심히 까다롭다면 미치지 않고서야 사전 준비도 없이 일을 개시하진 않을 것이다. 교육을 빼느니 차라리 기술을 포기하는 편이 낫다. 한 아버지가 아무런 검증 없이 잘못된 도그마dogma[8]를 받아들여서 살다가 아들과의 관계가 멀어졌다고 치자. 아들을 반항아로 만들어 인생을 망치고 자신도 불행한 인생을 살았다면 그리스 비극 시인 아이스킬로스Aeschylus에는 문외한이라 해도 비교행동학Ethology 정도는 공부해 둘 가치가 있었으리라 생각할 것이다. 한 엄마가 성홍열 후유증으로 숨진 아기를 부둥켜안고 울면서, 지나친 공부로 아이의 몸이 허약해지지 않았다면 병이 나았을 거라는 의사의 소견에 비탄과 가책으로 몸을 가누지 못한다고 치자. 그때 단테의 작품을 원어로 읽을 수 있다는 사실이 무

---

8) 독단적인 신념이나 학설. – 편집자주

슨 위안이 되겠는가?

따라서 인간 활동의 세 번째 영역을 제어하려면 생명의 원리를 알아야 한다. 생리학의 주요 원리와 심리학에 대한 기초 지식이야말로 바른 육아를 위한 필수 요건이다. 많은 독자가 필자의 주장에 미소로 공감할 것이다. 물론 일반 부모가 난해한 학문을 배워야 한다는 점이 와 닿지 않을지도 모르겠다. 모든 아버지와 어머니가 이런 학문에 대해 해박한 지식을 갖추어야 한다고 주장한다면 정말 터무니없는 주문으로 들릴 것이다. 물론 그러라는 이야기는 아니다. 어디까지나 일반적인 지식을 두고 한 말이고, 구체적인 지식의 경우 꼭 필요한 것만 더한다면 순조롭게 배우지 않을까 싶다. 스스로 배우지 않으면 타의로라도 말이다. 아동의 신체적·정신적 발달이 특정한 원리를 철저히 따른다는 점을 비롯하여, 부모가 이에 순응하지 않으면 아이가 연명할 수 없다는 점과 순응하는 정도가 미흡하면 신체적·정신적 결함이 나타날 수 있다는 점, 그리고 원리에 온전히 순응해야 아이가 성숙해진다는 점은 누구나 수긍할 것이다. 조만간 부모가 될 사람이라면 이런 원리를 적극적으로 배워야 할지 말아야 할지 결정해야 한다.

그럼 이번에는 부모의 역할에서 시민의 역할로 주제를 바꿔보자. 우선 시민의 역할을 발휘하는 데 있어 가장 필요한 지식이 무엇인지 알아야 한다. 마지막 경우와 같이, 시민의 역할에 필요한 지식도 보통은 내버려지곤 했다. 학교의 교육과정에는 명목상으로나마 정치적·사회적 의무와 관계있는 학문이 포함되어 있기 때문이다. 그중에서 가장 뚜렷한 입지를 차지하고 있는 것은 단연 '역사'다.

앞서 두어 차례 암시한 바와 같이, 흔히 학습으로서의 역사는 길잡이 역할을 해주지 못해 무용지물에 가깝다. 따지고 보면 역사책에 기록된 사실이나 성인을 위해 공들여 집필한 문헌을 보더라도 정치적 의무에서의 바른 원칙을 일러 주는 경우는 거의 없다. 군주의 전기(다른 건 몰라도 이건 흔히들 배운다)를 섭렵한다고 해서 사회과학을 더 잘 알 리도 없다. 궁중의 모략, 찬탈 등을 비롯하여 그에 결부된 인물을 훤히 꿴들 국가의 안녕을 좌우하는 원리를 이해하는 데에 조금도 보탬이 되지 않을 것이다. 우리는 권력 다툼에 대한 역사를 읽었다. 그 외에도 다툼이 전쟁으로까지 비화되었다는 것, 여러 장군과 선봉에 선 부하의 이름이 이러이러했다는 것, 그들이 수천 명의 보병과 기병을 거느리고 수많은 대포를 보유했다는 것, 이런저런 식으로 병력을 배치하고 군사작전을 실시하고 공격과 후퇴를 반복했다는 것, 이맘때는 타격을 입다가 다른 때는 유리한 고지를 점령했다는 것, 어느 작전에서는 선임 장교가 전사하고, 또 어느 작전 때에는 연대 하나가 몰살되었다는 것, 전세가 바뀌어 이런저런 군대가 승전가를 울렸다는 것, 각 진영에서 사상자가 적지 않았고 포로로 끌려간 군인도 상당히 많았다는 것 등의 역사도 읽었다. 그렇다면 이러한 사건 중에서 시민다운 품행을 결정하는 데 도움이 될 만한 것이 무엇인지 말해 보라. 《세계를 바꾼 15대 전쟁The Fifteen Decisive Battles of the World》과 역사교육에서 언급한 다른 전쟁사도 꾸준히 읽었다고 치자. 그런다고 차기 선거에서 얼마나 현명한 선택을 할 수 있겠는가? "역사는 사실이니까 배워야죠. 재미도 있고요." 이렇게 반박할지도 모르겠다. 분명 역사는 (허구가 조금도 들어가지 않은) 사실이다. 재미있다는 사람도 많을 것이다. 하지만 그렇다고 해서 가치 있다고 볼 수는 없다. 오히려 섬뜩한데다 무가치한 대상에 그럴듯한 가치를 심어 주는 경우도 더러 있다. 예컨대, 튤립 마니아라면 무게가 같은 금으로 꼬드겨도 특선 튤립을 호락호락 내주지 않는다. 보잘것없는 옛 자기가 가장 좋아하는 보물인 사람이 있는가 하면, 유명한 살인마의 애장품에 높은 가치를 매기는 사람도 여럿 된다. 이러한 취향이 실물에 대한 가치를 측정하는 잣대가 될 수 있을까? 그렇지 않다면, 역사적 사실에 대한 호감이 가치를 입증하는 증거가 될 수 없다는 점을 인정해야 한다. 적용 가능한 실용성을 물어 사실의 가치를 검증하듯, 역사에 대한 가치도 그렇게 입증해야 마땅하다. 예를 들어 어제 이웃집 고양이가 새끼를 낳았다는 소식을 누군가에게서 들었다고 치자. 그렇다면 그 정보는 가치가 없다고 단정할 것이다. 틀린 말은 아닌 것이, 어디 가서 쓸 수 있는 사실이 아니기 때문이다. 그것으로 평소의 행동이 달라진다거나, 완성된 삶에 도움도 되지 않는다. 방대한 역사적 사실에 대해서도 이 같은 잣대를 적용한다면 결과는 같아질 것이다. 역사적 사실은 이렇다 할 결론을 끄집어낼 수 없는 지식인지라, '비조직적'인 사실이라고 한다. 따라서 행동의 원칙을 확립하는 데는 (정보의 주된 용도가 바로 그것이다) 전혀 보탬이 되지 않는다. 그러니 재미 삼아 읽되, 책이 유익하다며 우쭐대서는 안 될 것이다.

이른바 '역사'를 구성하는 정보는 대부분 실용적인 저작에서 빠져 있었다. 사학자들이 귀중한 정보를 대량으로 공개하기 시작한 것은 불과 몇 년이 채 안 된다. 과거에는 왕이 전부였고 백성은 아무것도 아니었다. 그래서 옛 역사를 묘사한 그림을 보면 왕의 행적이 지면을 대부분 차지했고 백성의 삶은 배경으로 모호하게 처리되었다. 그러나 군주보다는 백성의 복리가 주된 관심사가 된 요즘에는 학자들이 사회발전을 둘러싼 현상에 몰두하기 시작했다. 사회에 대한 역사가 지식의 욕구를 자극하게 된 것이다.

사람들은 민족이 스스로 태동하고 조직된 경위를 이해하는 데에 도움이 될 만한 것이라면 뭐든 알고 싶어 한다. 여기에는 정부에 관한 기록도 해당될 터인데, 주요 인사에 대한 가십은 가급적 줄이고, 정부의 구조와 방침, 집행 방식, 편견 및 부패 등은 많을수록 좋을 것이다. 기록에는 중앙정부의 특색과 방책뿐 아니라,

지방정부 및 각 당국 내 분과의 특색과 방책까지 포함되어야 한다. 교회 정부ecclesiastical government에 대응되는 기록(이를테면 조직, 행적, 권력, 미국과의 관계를 비롯하여 예식, 신조 및 종교적 사상으로, 명목상 믿는 것과 실제로 믿고 행하는 것도 해당된다)도 살펴보고, 사회 풍습에서 보이는 계층 간의 서열 관계(직함, 인사말, 호칭 등)도 파악해 두자. 가정 안팎에서 민중의 삶을 제어하는 관습(이성이나 부모 자식 간의 관계)에는 어떤 것이 있는지도 알아 두어야 한다. 비교적 중요한 신화나 흔히 쓰는 부적 등, 미신적 관습을 추가하고 나면 산업 시스템의 윤곽을 그려야 한다. 예컨대 분업은 어느 정도로 이루어지는지, 카스트든 길드든 교역을 규제하는 방식은 무엇인지, 노사 관계가 성립하게 된 경위는 무엇인지, 유통업체와 통신수단 그리고 유통 매체에는 어떤 것이 있는지 밝혀야 한다. 이와 더불어 현행 공정과 품질에 관한 산업 기술의 기록도 살펴보고, 국가의 지적 환경도 다각도로 짚어 봐야 한다. 이를테면 어떤 교육을 얼마만큼 실시하고 있는지, 과학은 얼마나 발전했으며 주류를 이루는 사고방식은 무엇인지 기술해야 할 것이다. 건축, 조소, 회화, 의류, 음악, 시, 소설에 나타난 미적 문화도 묘사해야 하고, 의식주와 오락 등 사람들의 일상을 개괄적으로 표현하는 것도 빠뜨려선 안 된다. 끝으로 사회 전체를 연결하려면 이론과 실제를 아우르는 각계각층의 덕목도 필요하다. 이는 법률, 관습, 금언, 공적에 암시되어 있다. 이 모든 정보는 분명하고 정확한 만큼이나 매우 간결하며, '총체적'으로 이해할 수 있도록 그룹을 지어 정리해야 한다. 그러면 각 부분이 전체적으로 상호의존관계를 이룬다고 파악할 수 있을 것이다. 정보 가운데 존재하는 '합의점'을 추적할 수 있음을 입증하고, 사회현상이 다른 현상과 공존한다는 점을 체득케 하는 것이 필자의 목표다. 각 세대의 신념, 관례, 제도가 변모하게 된 경위와 전 세대의 구조와 기능에 대한 '합의점'이 후세의 '합의점'으로 발전하게 된 경위를 분명히 밝히려면 차세대의 윤곽을 제대로 그려야 한다. 시민다운 행동을 규정하는 데에는 그런 정보만으로도 도움이 된다. 실질적 가치가 있는 유일한 역사를 '기술사회학Descriptive Sociology'이라고 하는데, 사학자가 이행할 수 있는 가장 숭고한 임무는 민족의 삶을 들려줌으로써 비교사회학Comparative Sociology의 소재를 제공하고, 사회현상에 순응하는 궁극적인 방법을 차후에 결정하는 것이 아닐까 한다.

그러나 역사적 지식은 적절히 습득했다손 쳐도 열쇠가 없다면 무용지물과 다를 바 없다. 열쇠는 과학에서만 찾을 수 있다. 생물학과 심리학을 모른다면 사회현상을 합리적으로 해석할 수 없다. 즉, 사람은 사회를 둘러싼 간단한 사실조차도 체득한 본성만큼만 이해할 수 있다는 것이다. 예컨대 수요와 공급도 마찬가지다. 또한 환경에 따라 달라지는 일반적인 생각, 감각, 행동을 체득하기 전에는 사회학의 진리에 이를 수 없을 것이다. 체력과 정신력을 겸비한 인간을 꿰지 못하면 사회학을 폭넓게 이해할 수 없다. 추상적인 문제만 봐도 결론은 자명하다. 사회는 개인으로 구성되며 사회에서 벌어지는 사건은 개인의 행동이 결합된 것이다. 때문에 사회현상의 해결 방안은 개인의 행동에서만 찾을 수 있을 것이다. 물론 개인의 행동은 그들의 본성이 결정하기 때문에 이를 이해해야만 개인의 행동을 알 수 있다. 단순하게 말하자면 몸과 마음에 따라 좌우된다는 것이다. 따라서 사회학을 해석하는 전문가는 생물학과 심리학을 반드시 섭렵해야 한다. 결론을 간단히 말하자면, 모든 사회현상은 생명현상인 동시에 가장 복잡다단한 생명의 단면이기도 하고, 궁극적으로는 생명의 원리에 좌우되는 것이기도 하다. 그러므로 사회현상을 파악하려면 생명의 원리부터 이해해야 할 것이다. 결국 우리는 과학을 통해 인간 활동의 네 번째 범주를 규정하고 있다. 교육과정에서 공통적으로 전하는 지식에는 시민다운 품행을 지도하는 데 도움 될 만한 것이 거의 없다. 우리가 읽고 있는 역사 중 실제로 가치 있는 부분은 매우 작지만 준비가 미흡한 탓에 그마저도 활용할 수 없는 실정이다. 인간은 기술사회학의 소재와 개념뿐 아니라, 삶과 밀접한 과학 지식도 부족하다. 이 같은 지식이 모자라면 기술사회학도 보탬이 되진 못할 것이다.

왜 과학을 가르쳐야 하는가?

이제 마지막 범주를 살펴볼 차례다. 여가 시간을 채우는 휴양, 기분 전환, 오락이 여기에 해당된다. 지금까지 자기 보존에 걸맞은 교육을 비롯하여, 생계를 잇고 부모의 의무를 다하고 사회·정치적 행동을 규정하는 데 적합한 교육을 살펴보았다. 그렇다면 앞선 네 가지에는 포함되지 않는 목적(자연, 문학, 미술 등에서 즐거움을 만끽하는 것)에 알맞은 교육은 과연 무엇일까? 만일 복리에 관한 일이 있을 때 여가를 선뜻 미루고, 매사에 여가의 실질적 가치를 가늠해 왔다면 안 해도 그만이다 싶은 여가는 등한시했을 거라는 추측이 가능하다. 물론 크나큰 착각이다. 미적 문화와 그것이 가져다주는 만족감은 어느 것에도 뒤지지 않기 때문이다. 회화, 조소, 음악, 시를 비롯한 아름다움이 불러일으키는 감정이 없다면 인생의 매력은 절반만 남을 것이다. 우리는 취향을 만끽하고 키우는 것을 하찮게 여기지 않고, 삶에서 여가의 점유율이 지금보다 훨씬 높아질 날이 조만간 오리라 믿어야 한다. 자연의 힘이 인간에게 정복당하고 생산수단이 완성된다면, 노동력의 경제성이 최고조에 이른다면, 교육제도가 정착되어 주요 활동이 신속히 이루어진다면, 그래서 여가 시간이 늘어난다면 예술과 자연의 시문학은 인간의 정신 공간을 널찍이 차지할 것이다.

미적 문화가 인간의 행복에 기여한다는 것과 미적 문화가 인간의 행복에 근본적으로 필요하다는 것은 별개의 문제다. 심미적인 문화는 아무리 중요하더라도 인생의 의무와 직결된 문화 앞에서는 우선권을 양보해야 한다. 앞서 언급했듯이, 문학과 미술은 일상생활과 사회생활이 가능해진 덕분에 누릴 수 있게 되었다. 어떤 문화든 이를 가능케 한 주체에는 상석을 내주어야 한다. 꽃장수는 꽃을 얻기 위해 화초를 가꾼다. 뿌리와 잎이 꽃을 피우는 수단이기 때문에 그는 이를 소중히 다룰 것이다. 꽃장수도 알다시피, 최종산물인 꽃보다 우월한 것은 없지만, 본질적으로는 뿌리와 이파리가 더 중요하다. 뿌리와 잎이 개화를 결정하기 때문이다. 그는 화초를 건강하게 기르기 위해 온갖 정성을 쏟을 것이다. 알다시피 꽃을 얻는 데에 조바심을 내면서도 화초를 소홀히 다루는 것은 미련한 짓일 테니까. 사람도 마찬가지다. 건축과 조소, 회화, 음악 및 시문학 등은 문명의 '만개한 꽃'이라 해도 과언이 아니다. 이러한 문화가 문명보다 중요하다손 치더라도(그렇게 주장할 사람은 거의 없겠지만) 건전한 문명 생활을 창출하는 것이 우선이며, 이를 실현하는 지식이 우위를 차지해야 한다는 점은 누구나 인정할 것이다.

여기서 현행 교육제도의 폐단이 확연히 눈에 띈다. 화초를 가꾸지도 않으면서 꽃을 얻어 보겠다는 심사랄까. 품격에 안달하지만 본질은 망각한 격이다. 현 교육제도는 자기 보존을 위한 지식은 전수하지 않고, 생계를 잇는 데 필요한 지식은 매우 기본적인 원리만 제공하고 있으며, 대다수의 지식은 스스로 습득하도록 내버려 두고 있는 실정이다. 게다가 부모의 역할에 대해서는 준비할 기회를 주는 법이 없으며, 시민의 의무를 두고는 현실과 무관한데다, 열쇠(실마리)도 없는 정보를 마냥 전달하고 있다. 품위와 품격과 명성을 더하는 일에는 둘째가라면 서러워할 태세다. 독서와 대화와 여행 경험은 유익한 소양으로는 인정될지언정, 매우 중요한 지식을 포기하면서까지 배울 만한 것은 절대 아니다. 고전 교육이 표현의 정확성과 품격을 높여 준다는 가정이 사실이라 해도 정확한 표현과 품격이 육아의 중요성에 버금간다고 볼 수는 없을 것이다. 사어로 기록된 시문학을 읽으면 취향의 격조가 높아진다손 쳐도 취향이 건강과 가치가 같을 수는 없다. 교양, 미술, 순수문학 등, 문명의 전성기를 이루는 문화는 문명의 토대가 되는 지식과 훈육에 종속될 수밖에 없다. 이 같은 문화는 인생의 여가 공간을 차지하듯 교육의 여가 공간을 차지해야 할 것이다.

미학의 진정한 위치를 깨닫고, 그것을 함양하면 교육에 유익하리라 확신해도 미학은 어디까지나 부차적인 문제에 불과하다. 우리는 미학의 쓰임새에 걸맞은 지식이 무엇인지 여가라는 활동에 가장 부합하는 지식이 무엇인지 물어야 한다. 물론 그에 대한 답은 전과 비슷할 것이다. 필자의 주장이 뜬금없이 들릴지도 모르지만, 가장 숭고한 예술은 장르에 관계없이 과학에 근간을 두므로 과학이 없다면 예술을 완벽히 창출할 수도 없고, 이를 온전히 감상할 수도 없다. 사회에 떠도는 통념을 감안해 볼 때 과학은 저명한 예술가도 잘 모를 테고, 설령 관찰력이 예리하다는 예술인도 경험에 근거한 일반론(과학의 최저 단계)을 섭렵한 탓에 완벽에는 크게 못 미칠 것이다. 그들이 습득한 일반론은 비교적 적은데다 정확하지도 않기 때문이다. 과학이 미술의 근간이 된다는 주장은 객관적이거나 주관적인 현상을 작품이 대변한다는 점을 비롯하여, 이러한 현상이 원리에 부합하는 만큼 작품이 '참'이 될 수 있다는 점, 그리고 예술가라면 반드시 현상의 원리부터 알아야 한다는 점을 감안하면 더욱 자명해진다. 이 같은 결론은 우리가 장차 겪게 될 경험과도 꼭 들어맞을 것이다.

조소 실습에 대비하는 청년들은 인간의 체격을 구성하는 골격과 근육의 분포, 연결 구조 및 움직임을 숙지한다. 이 또한 과학의 한 영역이다. 과학 지식에 미흡한 조각가가 저지를 수 있는 수많은 실수를 막기 위해서라도 과학은 배워야 한다. 역학원리를 알아 두면 그 외의 실수도 미연에 방지할 수 있다. 실제로 역학 원리에 대한 지식이 없어 엄청난 오류를 저지르는 경우가 비일비재하다. 예컨대, 인물의 안정된 자세를 연출하기 위해서는 무게중심에서 수직으로 뻗는 선이 ('방향선'이라고 한다) 기저면 안에 와야 한다. 따라서 사람이 쉬어 자세(다리 한 쪽은 곧게 뻗고, 다른 쪽은 느슨한 자세)를 취할 때 방향선은 곧게 뻗은 다리의 발 쪽에 두어야 할 것이다. 그러나 평행 이론을 잘 모른다면 십중팔구는 스스로 자세를 확인해 가며 방향선을 두 발의 중간점에 둘 것이다. 운동량의 법칙을 몰라도 비슷한 오류를 저지르게 된다. 여러분도 잘 아는 미론Myron의 〈원반 던지는 사람〉 조각상은 원반이 손을 떠나는 즉시 앞으로 고꾸라질 것이다.

회화에서는 이성까지는 아니더라도, 경험에 의거한 과학 지식은 필요하다는 주장이 크게 부각되고 있다. 중국의 회화가 외양의 법칙을 전적으로 무시하지 않았다면 (터무니없는 투시도법을 구사하고 대기원근법을 잘 모르기 때문이다) 어찌 그리도 기괴할 수 있겠는가? 대개는 조건에 따라 사물의 면이 달라지는 양상을 몰라서 그랬겠지만, 앞서 언급한 법칙을 구사할 수 있다면 그림을 망칠 리 없다. 학생들이 배우는 책과 강의를 되뇌거나, 존 러스킨John Ruskin[9]의 비평을 곱씹어 보거나, 혹은 라파엘로Raffaello Sanzio 이전

---

9) 영국의 비평가 겸 사회사상가. 예술미의 순수 감상을 주장하고 '예술의 기초는 민족 및 개인의 성실성과 도의에 있다'는 자신의 미술 원칙을 구축해 나갔다. – 옮긴이주

에 활동하던 화백의 작품을 살펴보면 회화가 발전함에 따라 자연에 대한 지식의 폭도 넓어졌다는 점을 깨닫게 될 것이다. 아무리 부지런히 관찰해도 과학의 도움을 받지 않으면 오류를 범하게 되어 있다. 예컨대, 투시 조건에 따라 외양이 달리 보인다는 사실을 모르면 외양을 파악하기 어려울 때가 더러 있다는 것과 이를 위해 과학을 이해해야 한다는 주장은 화가라면 누구나 동감할 것이다. J. F. 루이스J. F. Lewis는 매우 세심한 화백이었으나, 윤곽이 뚜렷한 격자창의 그림자를 맞은편 벽에 드리우는 오류를 범하고 말았다. 반그늘 현상을 알았다면 그렇게 그리진 않았을 것이다. 로세티Dante Gabriel Rossetti는 특정 조명 아래서 머리카락에 독특한 무지갯빛이 감도는 것(빛이 물체를 통과하면서 회절하는 현상)을 포착했다. 그러나 무지갯빛이 절대 나타날 수 없는 위치에도 이를 입히는 실수를 저지르고 말았다.

음악에도 과학의 도움이 필요하다면 놀랄지도 모르겠다. 음악은 감정이라는 자연언어[10]를 이상화한 것에 불과하므로, 자연언어의 법칙에 부합하느냐에 따라 음악의 질이 결정된다. 감정의 종류와 정도에 따라 달라지는 목소리의 변화는 음악이 발달하게 된 기원으로 알려져 있다. 목소리의 억양은 제멋대로 달라

---

10) natural language, 인공언어(기계어와 같이 사람이 인공적으로 필요에 의해 만든 언어)와 상반되는 개념. — 옮긴이주

지는 것이 아니라, 생명 활동의 원리에 따라 결정되며 목소리의 표현력 또한 이러한 원리에 좌우된다. 따라서 악절과 (악절을 기반으로 하는) 멜로디는 과학적 원리와 조화를 이룰 때만 효과를 기대할 수 있을 것이다. 이러한 입장은 제대로 설명하기가 쉽진 않지만, 예컨대, 과학이 금지할 만한 대표적인 곡으로 거실에 우글거리는 저질 발라드[11]를 꼽으면 충분한 해명이 될 것이다. 저질 발라드는 감정 표현이 미흡한 악상을 붙여 과학을 상대로 죄를 저지르고 있다. 또 다른 죄가 있다면 설령 감정을 표현하더라도 악상과는 자연적인 관계가 성립되지 않는 악절을 쓴다는 것이다. 진실이 아니기 때문에 저질이라는 것이다. 진실이 아니라는 것은 과학적이지 못하다는 뜻이기도 하다.

시문학도 그러하다. 음악과 마찬가지로 시 또한 깊은 감정이 동반되는 자연스런 표현 양식에 근간을 두고 있다. 시의 운율을 비롯하여, 많이 쓰이는 강한 은유 및 과장법, 격렬한 어휘 전환은 감정이 끓어오르는 언어의 특색을 과장한 것이다. 따라서 시는 신경계 작용의 원리를 존중해야 품격을 기대할 수 있을 것이다. 감정이 밴 언어의 특색을 강화하고, 이를 보통 언어와 겸비할 때는 균형을 유념해야 한다. 이를테면 언어를 활용할 때 괜스

---

11) ballade, 음악에서는 자유로운 형식을 띄는 서사적인 가곡이나 기악곡을 뜻한다. – 편집자주

레 제한을 두어서는 안 된다. 다만 발상에 감정이 이입되지 않았다면 시적 표현을 자제하고, 감정이 상승세를 타면 좀 더 자유로운 언어를 구사하다가, 감정이 절정에 이를 때는 언어의 피치를 최대한 끌어올려야 한다. 이러한 원리를 어기면 결국에는 허풍이나 엉터리 시가 될 뿐이다. 교훈시에는 이 원리를 무시한 듯한 풍조가 더러 눈에 띄는데, 원리를 제대로 지키지 않으니 예술과는 동떨어진 시가 난무하게 된 것이다.

장르를 막론하고 예술가라면 자신이 표현하려는 현상의 원리 정도는 충분히 숙지하고 있어야 한다. 그러지 않고서야 어찌 진정한 작품을 만들 수 있겠는가. 아울러 작품의 특색으로 대중의 마음을 어떻게 감동시킬지 감을 잡고 있어야 한다. 즉, 심리학이 다뤄야 할 문제라는 이야기다. 예술작품의 인상은 이를 수용하는 객체의 정서적 본성에 좌우된다. 정서적 본성은 마음에서 그것이 우러나오는 경위를 예술가가 알지 못하면 이를 온전히 이해할 수도, 적용할 수도 없다. 그림 한 점을 평가하는 것은 관중의 의식과 감정이 어떻게 반응하는지 묻는 것과 같고, 연극의 구조가 잘 짜여 있는지 묻는 것은 극 중 상황이 순조롭게 전개되어 적절한 때 관객의 집중력을 유도하고 획일적인 감정 몰입은 피하는지 묻는 것과 같다. 시나 소설의 구조를 구성할 때나, 하다못해 한 문장을 이루는 어구를 조합할 때도 그것의 감흥은 독자의 정서와 감수성을 절감하는 기술로 결정된다. 예술가라면 누구나 본업을 잇고, 여생 동안 작업에 대한 철칙을 쌓아 가게 마련이다. 이때 철칙의 뿌리를 추적해 보면 심리적 원리(법칙)에 귀결되는데, 예술가가 심리적 원리와 이에 대한 필연적 결과를 이성적으로 이해해야만 이 두 가지와 조화를 이루며 창작할 수 있다.

우리는 과학이 예술가를 만든다는 것을 선뜻 믿지 않는다. 예술가가 객관적·주관적 현상의 주요 원리를 이해해야 한다고는 생각하지만, 그러한 원리를 둘러싼 지식이 선천적인 지각을 대신한다는 주장에는 공감하지 않기 때문이다. 예술가는 만들어지는 것이 아니라 태어나는 것이다. 그러나 우리는 선천적인 재능만으로는 부족하니 조직된 지식의 도움이 필요하다고 역설한다. 직관력이 유익하긴 하나 전부는 아니라는 것이다. 천재성이 과학과 결합할 때만이 최고의 결실을 맺을 수 있을 테니까.

앞서 주장했듯이, 과학은 걸작을 만들어 낼 때뿐 아니라 미술을 감상할 때도 필요하다. 예컨대, 작품에 담긴 생명의 본질을 폭넓게 이해하지 못한다면 성인이 아이보다 무엇이 낫겠는가? 시에 등장하는 객체와 동선을 훤히 꿰으로써 시골뜨기는 미처 볼 수 없는 것을 간파한다면 모를까, 그러지 못한다면 신사가 시골뜨기보다 무엇이 낫겠는가? 당연한 이야기지만, 작품을 감상하기 전에 관중이 작품을 자각하고 있다면, 이를 얼마나 이해하느냐에 따라 감상의 질이 달라지게 마련이다. 작품의 진실을 하나하나씩 벗겨 낼 때마다 지각한 사람이라면 희열을 느끼겠지만, 무지한 사람을 이를 간과하고 말 것이다. 작품의 수효야 어떻든, 예술가가 작품을 통해 암시하는 것이 늘수록, 작품과 연관된 사상을 내비칠수록 사람들에게 크나큰 만족을 안겨 줄 것이다. 그러나 이 같은 만족을 누리려면 관중이나 청중 혹은 독자는 예술가가 시사한 현실을 간파해야 한다. 현실을 간파한다는 말은 곧 과학을 꿰뚫는다는 뜻이기도 하다.

과학은 조소, 회화, 음악, 시문학의 근간이 되며, 과학 자체가 시의 속성이라는 사실을 간과해서는 안 된다. 과학과 시가 서로 대립된다는 일설은 잘못된 통념이다. 의식, 지각, 그리고 감정에는 척력斥力이 작용한다. 사색이 극단적으로 작용하면 감정이 죽고, 감정이 극단적으로 작용하면 사색이 죽는다. 즉, 상극으로 작용한다는 이야기다. 그러니 과학적 사실이 시와 무관하다거나 과학 탐구가 상상력을 발휘하고 아름다움을 즐기는 데 도움이 되지 않는다는 말은 어불성설이다. 과학은 비과학도에게는 불모지와도 같았던 시의 지평을 열어 주었다. 과학 연구에 몰입한 사람들이 입증한 것들, 예컨대 휴 밀러Hugh Miller의 지질학을 다룬 저서나 조지 루이스George Henry Lewes의 《해변 연구Seaside Studies》를 읽은 사람이라면 과학이 시의 감흥을 일으키면 일으켰지, 꺼뜨리진 않는다는 점을 누구보다 생생히 깨달았을 것이다. 아울러 괴테Johann Wolfgang von Goethe의 삶을 되짚어 본 사람도 시인과 과학자가 동등한 활동 영역에서 공존할 수 있다는 사실을 알게 될 것이다. 자연을 연구할수록 이를 역으로 뒤집는다는 주장은 어불성설이자 불손한 망발이 아니겠는가? 가령, 육안으로는 평범한 물방울도 물리학자의 눈에는 달리 보이게 마련이다. 힘이 원자를 당기고 있다는 사실을 알고 있기 때문인데, 힘은 갑자기 방출되면 빛에너지로 전환될 것이다. 과학 초심자의 눈에는 그저 눈송이겠지만 현미경으로 다양하고도 섬세한 눈 결정을 본 사람이 연상하는 이미지는 격이 다르지 않겠는가? 빗살무늬가 그어진 둥근 암석은 어떤가? 수백만 년 전 바위 위로 빙하가 덮였다는 사실을 알고 있는 지질학자와 과학에 무지한 사람에게 같은 시상이 떠오를까? 과학에 입문해 본 적이 없는 사람은 시중에 나오는 시 중 10분의 1도 알 수 없다. 소싯적 식물과 곤충을 채집해 본 적이 없는 사람은 작은 길과 울타리에서 만날 수 있는 재밌거리를 조금도 알지 못할 것이다. 화석을 발굴하러 다닌 적이 없는 사람은 암석에 박힌 보화(화석)가 발견되는 지대에서 시상을 떠올릴 리 없고, 해변에 살면서도 현미경과 수족관을 둔 적이 없는 사람이라면 해변에서 만끽할 수 있는 최고의 즐거움을 아직 모르는 것이다. 사사로운 일에는 정신을 팔면서도 위대한 자연에는 무관심한 사람을 보면 안타깝기 그지없다. 자연이 만든 건축물에는 관심이 없지만, 스코틀랜드 메리 여왕의 음모론 같이, 몰라도 그만인 논란에는 사족을 못 쓴다. 헬라어로 된 시는 악착같이 배우려 하지만, 신의 손가락이 지구의 지층에 새긴

대서사시에는 눈길 하나 주는 법이 없다!

　지금까지는 길잡이를 목적으로 이런저런 지식의 가치를 물었다면, 이제부터는 훈육을 목적으로 서로 다른 지식의 상대적 가치를 따져 볼까 한다. 주제는 비교적 간결하게 구분해 두었지만, 다행히 이를 장황하게 열거할 필요는 없었다. 길잡이 역할에서 최선을 찾은 우리는 암시적으로나마 훈육에 대한 최선도 찾아냈다. 행동을 규정하는 데 활용할 수 있는 지식을 습득하려면 신체적·정신적 능력을 강화하는 데 적합한 지적 훈련이 동반되어야 한다. 지식을 얻는 데 필요한 문화가 따로 있고, 지적 훈련을 위해 필요한 문화가 따로 있다면 이는 자연의 경제 원리에서 크게 벗어난 것이다. 인간은 어디서든 역할에 맞게 고안된 인위적인 훈련이 아니라, 현장에서 자신의 본분을 감당함으로써 직능을 계발해 왔다. 예컨대, 아메리카 원주민은 민첩성과 순발력을 길러 훌륭한 사냥꾼이 되었다. 실제로 동물을 좇는가 하면 잡다한 활동도 마다하지 않았기 때문이다. 그리하여 체력적 균형을 이룰 수 있었던 것이다. 인위적인 훈련으로는 그러기가 쉽지 않다. 적과 야생동물을 추적하는 기술은 오랜 실습으로 다져진 것으로, 인위적인 훈련보다 훨씬 뛰어나며 치밀했다. 좇거나 피해야 할 원거리 대상을 식별하기 위해 눈을 훈련하여 망원경처럼 뛰어난 시력을 갖게 된 부시먼 족을 비롯하여 하루도 거르지 않고 업무를 처리하다 보니 몇 가지 셈도 거뜬히 하게 된 경리 직원에 이르기까지, 우리는 생활환경이 요구한 본무를 감당함으로써 최고의 경지에 오를 수 있었다. 교육에도 동일한 원리가 적용된다는 점을 직관적으로 알 수 있을 것이다. 길잡이가 될 교육은 훈육을 위해서도 가치가 있어야 한다. 그러면 그 이유를 살펴보자.

일반 커리큘럼에서 중시하는 언어 학습의 경우 몰입하면 유익하다고 하는데, 이는 기억력이 향상된다는 장점 때문이라고 한다. 어휘를 공부해서 얻을 수 있는 장점이 아닌가 싶기도 하다. 그러나 기억력을 훈련할 수 있는 분야는 과학이 훨씬 더 넓다. 이를테면 태양계에 대해 입증된 사실만도 기억하기가 쉽지 않을 뿐더러 은하계의 구조를 둘러싼 지식은 말할 것도 없다. 화학계가 나날이 발표하는 신규 화합물 또한 수효가 상당히 많아 일부 교수를 제외하면 그 이름을 전부 꿰는 사람은 거의 없으며, 전문가가 아니라면 화합물의 원자구조와 친화도親和度[12]도 기억해내기 어렵다. 지각地殼에서 벌어지는 방대한 현상과 화석에서 이루어지는 훨씬 더 방대한 현상은 지질학 전공자가 수년간 연구해야 숙달할 수 있는 지식이다. 물리학의 주요 분야인 소리, 열, 빛, 전기는 지식이 무궁무진한 탓에 이를 전부 배우려는 사람이라면 기겁할 것이다. 삶과 밀접한 과학은 숙지해야 할 것이 훨씬 더 많다. 이를테면 인체해부학만 보더라도 지식이 하도 방대해

---

12) affinity, 물질 사이에서 일어나는 화학적 상호작용의 정도. – 편집자주

서 젊은 의사라면 대체로 여섯 번은 이해해야 기억할 수 있다고 한다. 식물학자가 구분해 둔 종의 수효는 무려 32만 개 정도이며, 동물학자가 연구하는 동물은 약 200만 종 정도 되는 것으로 조사되었다. 이처럼 과학자가 쌓아 놓은 지식이 너무도 방대한 탓에 상·하위 범주로 나눠야 이를 연구할 수 있다. 완벽하게 채운 전공 지식에 나머지 범주는 일반적인 지식을 추가해야 한다. 그러면 과학은 적당한 정도만 함양했더라도 기억을 훈련할 기회를 제공할 것이다. 적어도 언어로 훈련할 때만큼이나 기억력 훈련에 도움이 된다고 볼 수 있다.

단순히 기억을 훈련한다는 점만 따지자면 과학교육이 언어교육보다 더 나은 점은 없을 것이다(둘 다 비슷하다). 그러나 과학으로 함양되는 기억력의 종류는 월등히 방대하다. 언어를 배우는 과정을 살펴보면, 머릿속에 자리 잡은 개념이 서로 연결되어 대부분 '우연한' 사실에 대응되는 반면, 과학은 머릿속에 자리 잡은 개념이 서로 연결되었다가 대부분 '필요한' 사실에 대응된다. 어쩌면 어구와 그 의미의 관계는 어떤 면에서 자연적이고, 이 같은 관계가 발생하게 된 기원을 추적하려면 먼 과거로 거슬러 올라가야 할지도 모른다. 태초로 거슬러 올라가야 할 가능성은 매우 희박하겠지만 말이다. (한 가지 덧붙이자면, 그런 관계가 발생하게 된 원리는 정신과학의 한 분야인 철학을 조성하였다.) 사회적 통념과는 달리, 어구와 의미의 자연적인 관계는 추적해 보면 으레 우연한 관계를 통해 비롯되었다고 한다. 반면, 과학은 인과관계를 보여 주므로, 제대로 배우면 그것을 파악할 수 있게 된다. 인과관계는 우연성이 아니라 필요성에 근거하며, 필요성은 추리력을 훈련하는 계기가 된다. 언어가 비합리적인 관계에 가깝다면, 과학은 합리적인 관계에 가깝다. 언어교육은 기억을 훈련하는 데 주안점을 두는 반면, 과학교육은 기억력과 이해력을 모두 훈련한다.

과학교육이 훈육 수단으로서 언어교육을 능가한다는 사실은 판단력 함양에 주안점을 두었기 때문이다. 영국 왕립과학연구소에서 지식 교육을 가르친 마이클 패러데이Michael Faraday 교수는 가장 흔한 지성의 단점으로 '판단력 부족'을 꼽았다. 일리 있는 말이다. 또한 "일반적으로 사회는 판단력 교육에 무지할 뿐아니라, 그것에 무지하다는 사실조차도 모르고 있다"라고 주장했다. 그는 문제의 원인을 과학 문화가 부족한 탓이라고 지적했다. 패러데이 교수의 결론은 분명하다. 주변 환경, 사건 및 결과에 대한 정확한 판단은 주변 현상의 인과관계를 파악할 때만 가능하다는 것이다. 어구의 의미를 훤히 꿰고 있다고 해서 인과관계를 정확히 유추해 낼 수는 없다. 데이터에서 결론을 지속적으로 도출해 내고, 관찰과 실험을 통해 결론을 검증할 수 있다면 정확한 판단력을 향상시킬 수 있을 것이다. 이 같은 습관이 판단력의 필요조건이며, 이것을 과학으로 익힌다는 것이 과학교육의 장점 중 하나다.

물론 과학은 지식뿐 아니라 '도덕'을 가르칠 때도 가장 바람직하다. 언어는 배울수록 점차 권위를 존중하게 되지만, 이는 왠지 부당해 보인다. 예컨대 '이 어구는 이런저런 뜻이다'라고 단정하는 주체는 교사나 사전이고, 사례에 따른 언어 법칙은 문법책이 규정한다. 그러면 학생은 이를 맹목적으로 수용하게 마련이다. 주입식 교육에 따르는 것이다. 결국 학생은 정립된 지식이라면 무엇이든 의문을 갖지 않고 무조건 받아들일 것이다. 반면, 과학교육에서는 정반대의 심리가 형성된다. 과학은 개인의 이성을 끊임없이 자극한다. 또한 권위만으로 지식이 수용되는 경우가 없으며, 모든 지식은 자유로운 검증 절차를 거치게 된다. 아니, 대다수의 경우에 학생은 자신만의 결론을 직접 도출해 내야한다. 즉, 과학 연구의 각 단계는 개인의 판단력에 따르게 된다는 것이다. 연구자는 사실을 확인하지 않고 결과를 인정하라는 주문은 받지 않는다. 한 개인만의 판단으로 얻은 신빙성은 결론이 정확하다면 자연이 정당성을 인정하는 한 널리 알려질 것이다. 여기서 가장 중요한 변수는 독립성이다. 과학 문화가 물려준 도덕적 유산은 이뿐만이 아니다. 독립성을 띤 연구가 많이 이루어지면 인내심과 진정성도 증진된다. 귀납법을 가르치는 존 틴들John Tyndall 교수가 "인내와 근면도 그렇지만, 자연이 드러낸 사실에 대해서는 양심에 거리낌 없이 겸손하게 인정하는 것도 중요하다. 성공의 제1조건은 겸허히 포용하되 선입견이 진실과 대립된다고 밝혀지면, 그것이 아무리 중요해도 기꺼이 포기할 줄 알아야 한다는 것이다. 세상에 밝혀지지 않았지만, 숭고한 '자기 부인self-renunciation'은 진정한 과학도에게서 종종 나타난다"라고 지적했듯이 말이다.

끝으로 우리는 과학을 가르치는 것이 일반 교육보다 우월하다고 주장해야 한다. 과학에서 말하는 '종교적' 문화 때문이라면 충격을 받겠지만, 아무튼 필자의 지론은 그렇다. 물론 수용 범위가 일반적인 수준에 한정되지 않고, 그 폭과 깊이가 최상인 경우에 한해 과학과 종교를 운운할 것이다. 과학은 종교라는 미명하에 전해 내려온 미신과는 대립하나, 미신이 짐짓 숨어 있는 종교와 대립하는 것은 아니다. 현대 과학에는 반종교적 심리가 스며 있지만, 피상을 넘어 심오한 경지에 이른 과학에서는 그렇지 않다.

"진정한 과학과 종교는 샴쌍둥이 자매인지라, 어느 하나를 떼어내면 분명 둘 다 목숨을 잃을 겁니다. 과학도 종교가 발전하는 만큼 번성하고, 종교 또한 과학의 깊이와 기반의 강도만큼 융성해지겠지요. 철학자가 남긴 위대한 업적은 지성의 결실이라기보다는 종교적 색채로 물든 심리가 지성의 방향을 결정한 것이라고 봐야 합니다. 진실은 논리적 감각이 아니라, 인내와 사랑과 일편단심과 자기 부인으로 밝혀지게 되어 있으니까요." 최근 토머스 헉슬리Thomas Henry Huxley 교수는 이렇게 강의를 마쳤다.

그동안 사람들은 과학이 종교와 대립된다고(반종교적이라고) 생각해 왔다. 하지만 과학을 소홀히 하는 것이 반종교적인 행위요, 우리 주변을 연구하지 않는 것이 반종교적인 작태다. 가령, 온갖 미사여구로 찬사를 듣는 작가가 있다고 치자. 그는 미적 감각과 웅장미와 지혜가 작품에 담겨 있다는 칭찬을 들어 왔다. 그러나 칭찬을 늘어놓는 사람들은 작품의 외관을 보는 데 만족할 뿐, 이를 열어 보거나 이해할 생각이 전혀 없다면 찬사가 무슨 소용이 있겠는가? 그들의 진정성은 어떻게 봐야 할까? 좀 더 넓게 비유하자면, 우주와 그 근원에 대한 인류의 행위도 마찬가지일 것이다. 아니, 이것이 더 심각하지 않을까 싶다. 인류는 매일 훌륭하다는 칭찬을 듣는 대상은 연구하지 않고 간과해 버리지만, 시간을 투자해 가며 자연을 관찰하려는 사람은 할 일이 없고 치부하기 일쑤니 말이다. 그들은 자연의 신비에 관심 있는 사람을 비아냥댄다. 다시 말하지만, 과학이 아니라 과학을 업신여기는 것이 곧 반종교적인 행위다. 과학에 헌신하는 것은 암묵적으로 드리는 예배요, 연구 대상의 가치를 암묵적으로 깨달은 것이며, 대상의 근원에 대해서도 그런 셈이다. 과학에 헌신한다는 것은 입에 발린 말이 아니라 행동으로 보이는 찬사요, 말을 앞세운 칭찬이 아니라 시간과 고민과 수고를 바친 경의이다.

따라서 명실상부한 과학은 본질적으로 종교색을 띠게 되어 있다. 또한 만상萬象의 근간을 이루는 보편적 법칙을 깊이 존중하고, 은연중에 이를 믿는다는 의미에서 과학은 종교적이다. 과학도는 과거의 경험을 바탕으로 변치 않는 현상의 관계(인과관계와 선악의 필연성)를 철저하게 믿는다. 법을 어겨도 뒷돈을 챙기거나 꼼수를 부릴 수 있다는 기존의 관행이 아니라, 정해진 구조 안에는 상벌이 있으므로 불순종에 대한 대가를 반드시 치른다는 점을 깨달을 것이다. 실제로 인간이 순응해야 할 법은 무정할 때도 있지만 은혜를 베풀 때도 있다. 이 같은 법의 특징 때문에 만상이 완성과 행복을 향해 나아가고 있는 것이다. 따라서 과학도는 법의 중요성을 끊임없이 주장하고, 사람들이 이를 무시하면 심사가 뒤틀릴 것이다. 그러면서 만상의 영원한 원칙과 그에 순응해야 할 필요성을 역설하며 과학도인 자신 또한 본질적으로는 종교색을 띤다는 점을 입증한다.

과학의 종교적 측면을 하나 더 추가하자면, 과학은 자아를 비롯하여 존재의 신비와 인간의 관계에 대한 개념을 제시할 수도 있다. 또한 인간이 알 수 있는 것뿐 아니라, 지식의 한계를 보여주기도 한다. 과학은 만상의 기원을 둘러싼 불가사의를 일깨워주되 독선적인 주장이 아니라, 인간이 건널 수 없는 경계로 인도함으로써 이를 깨닫게 해줄 것이다. 인간의 지성은 자신을 초월한 대상과 맞닥뜨리면 취약하기가 그지없는데, 과학이 아니라면 그 어떤 것도 이를 일깨워 줄 수가 없다. 인간은 권위와 전통 앞에서는 지성으로써 자부심을 느낄지도 모르나, 절대자가 숨은 불가사의의 베일 앞에서는 겸손해질 수밖에 없을 것이다. 진정한 자부심과 겸손은 이를 두고 하는 말이다. 진정한 과학도(거리를 계산하거나, 화합물을 분석하거나, 동식물의 종을 구분하는 사람이 아니라, 비교적 하등한 진리로 고등한 진리를 찾다가 결국에는 최고의 진리에 이른 사람을 일컫는다), 즉 명실상부한 과학도라면 자연과 생명과 사고의 주체가 되는 '절대적인 세력'으로부터 인간의 지식과 이해력이 얼마나 동떨어져 있는지 깨달을 수 있을 것이다.

훈육과 길잡이를 위해서는 과학이 가장 중요하다는 것이 필자의 결론이다. 사물의 의미를 배우는 것이 어구의 뜻을 익히는 것보다 낫고, 지성이든 도덕이나 종교적인 교육이든 주변 현상을 연구하는 것이 문법과 어휘를 공부하는 것보다 훨씬 중요하다.

가장 중요한 지식

따라서 우리가 처음 제기한 "가장 중요한 지식은 무엇인가?"라는 문제에 대한 답은 한결같이 '과학'에 수렴하고 있다. 모든 변수를 감안하여 내린 결론이다. 직접적인 자기 보존은 물론, 생명과 건강을 위해 배워야 할 가장 중요한 지식은 과학이다. 생계를 잇는, 간접적인 자기 보존을 위한 가장 가치 있는 지식도 과학이며, 부모의 역할을 감당하기 위해 필요한 바른 길잡이 또한 과학에서만 찾을 수 있다. 과거와 현재를 막론하고, 국민의 생활을 이해하는 데 필요한 열쇠도 과학이다. 국민의 생활을 이해하지 않으면 시민의 행동을 제대로 규제할 수 없다. 모든 장르의 예술을 완성하고 제대로 즐기기 위해 꼭 갖추어야 할 소양도 과학이다. 재차 언급하지만, 지성과 도덕과 종교적 훈육을 위한 최고의 학문은 단연 과학이다. 처음에는 말문이 막혔던 문제가 논증의 과정을 거치고 나니 좀 단순해진 것 같다. 이제 인간의 활동과

학문의 순서가 얼마나 중요한지 가늠할 필요는 없어졌다. 가장 포괄적인 의미에서 과학 연구가 모든 활동 중 1순위가 되니까 말이다. 위대한 지식이나 상대적으로 저급한 지식 중에서 결정할 필요도 없다. 가장 가치 있다고 보는 지식은 본질적인 가치가 있는 것을 두고 하는 말이며, 지식의 가치는 여론에 좌우되지 않고 주변 환경에서의 인간관계만큼이나 확고하다는 것을 알기 때문이다. 과학적 진실이 항구적인 데다 불가피한 까닭에 과학은 온 인류에 영향을 주고 있는 셈이다. 과학은 현재뿐 아니라, 먼 훗날에도 인류의 행동을 규정하는 데에 매우 중요한 역할을 하므로, 인간은 생리학, 물리학, 심리학, 사회과학을 연구해야 하며, 생명과학의 열쇠가 되는 다른 과학도 모두 섭렵해야 할 것이다.

그러나 탁월한 가치가 있는 지식은 허세가 판치는 현재 교육 현장에서는 되레 관심 대상에서 최하위로 밀려나 있다. 과학이 없었다면 문명이 태동했을 리가 없는데도, 과학은 교육 현장에서 거의 주목받지 못하고 있는 실정이다. 과학이 발전한 덕택에 한때는 수천 명만이 허기를 채웠던 곳에서 수백만 명의 식량문제가 해소되었건만, 대를 잇게 해준 과학에 경의를 표하는 사람은 수백만은커녕 몇천도 되지 않는다. 사물의 특성과 관계에 대한 지식이 발전하면서 유목민은 거대한 민족으로 부상했고, 인생의 희열과 안위도 만끽할 수 있게 되었다(애당초 벌거숭이 조상은 이를 상상할 수도, 믿을 수도 없었다). 하지만 현행 고등교육제도에서는 이러한 지식이 되레 푸대접을 받고 있다. 우리가 혐오스런 미신의 속박에서 해방될 수 있었던 이유는 현상의 공존과 흐름에 눈을 뜨고, 불변의 법칙을 규정했기 때문일 것이다. 과학이 없었다면 우리는 아직도 우상을 숭배하고, 가축을 제물로 바쳐 신을 달래고 있을지도 모른다. 이처럼 과학이 혐오스런 미신이 아니라 장엄한 창조에 대한 통찰력을 주었음에도 불구하고 신학계는 과학을 반대하는 글을 쓰고 강단에서는 과학에 눈살을 찌푸리고 있다.

동유럽 우화 한 편을 각색해 보았다. '지식'으로 이루어진 가정에서 '과학'은 힘든 일을 도맡아 하는 일꾼이었는데, 과학의 완벽한 미모는 아무도 알아채지 못했다. 과학이 기술과 지성과 헌신으로 모든 일을 마다하지 않았기에 가족은 안락한 생활을 누릴 수 있었다. 과학은 식구를 보살피는 데에 여념 없었지만, 늘 변두리에 있어 주목받지 못했다. 그러나 오만한 자매들은 세인의 눈에는 싸구려로 보이는 장신구를 과시하곤 했다. 이 이야기는 여기서 끝이 아니다. 대단원에서는 극적인 반전이 이루어질 것이다. 오만한 자매들은 관심 밖으로 밀려나고, 과학은 실력과 미모가 탁월하다는 찬사를 받으며 최고의 영예를 누리는 반전 말이다.

Chapter 2

지(知)
앎의 본질에
관하여

INTELLECTUAL
EDUCATION

교육은 홀로 존재하지 않는다

교육제도도 그렇지만, 사회나 국가도 명맥이 이어지다 보면 둘 사이에 모종의 관계가 성립되게 마련이다. 각 시대의 제도는 공통적인 기원에서 비롯된 탓에 기능과 역할에 관계없이 서로 흡사했다. 예컨대, 절대 권위자에게서 아무런 해명도 없는 신조를 받아들이던 시대에는 아동교육이 독단적일 수밖에 없었다. 묻지 말고 믿으라는 주문이 교회의 금언이었다면 학교도 이와 마찬가지였다는 것이다.

그러나 프로테스탄티즘Protestantism[1]이 성인 스스로 판단할 권리를 쟁취하고, 이성에 호소하는 관행을 확립한 이후에는 아동교육도 이에 걸맞게 이해력에 따른 해설 과정으로 변모했다. 사소한 죄도 죽음으로 갚고, 불충한 죄에 끝까지 보복하던 폭정

---

1) 루터, 칼뱅 등에 의하여 주도된 16세기 종교 개혁의 중심 사상. - 옮긴이주

의 시대에는 교육계에서도 훈육이 엄격했다. 금지령이 늘고 이를 어길 때마다 체벌이 불가피했으며, 회초리와 지팡이와 컴컴한 구덩이가 권력을 유지하는 도구가 되었다. 하지만 정치적 자유가 증대되고, 형법이 개정되는가 하면, 개인의 행동을 규제하는 법이 폐지되자, 교육계도 강제성이 줄어드는 쪽으로 발전했다. 예컨대 학생의 금지규정이 감소하고, 한때 그들을 옥죄던 체벌과는 다른 수단으로 자유가 제한된 것이다. 고행을 감내하며 살던 금욕주의 시대에는 쾌락을 거절할수록 덕이 많다고 보았기 때문에 아이가 떼를 쓸라치면 "그럼 못써!"라며 뿌리쳐야 좋은 교육으로 인정되곤 했다. 이후 행복을 목표로 삼아, 근무시간을 줄이고 레크리에이션을 도입함에 따라 부모와 교사는 아이들의 욕구를 제대로 충족시키고 두뇌를 계발하는 것이 그다지 극악무도한 죄가 아니라고 여기게 되었다. 한편 당시는 장려 및 금지규정에 의거하여 무역 체제가 확립되고, 제조업체가 자재와 품질과 가격을 규정하며, 화폐가치를 법률로 정할 수 있는 시대였다. 아이의 사고방식이 맞춤식으로 만들어질 수 있고, 교사가 제자의 사고력을 전수해야 하며, 지식이 담길 아이의 머리는 교사의 이상이 실현되는 그릇이라는 통념이 팽배한 시대였던 것이다. 그러나 자유무역시대가 도래하여 자율성이 크게 부각되자, 상공업, 농업 그리고 해운업에서는 관리 당국이 없을 때 되레 규율의 중요성이 커졌고, 정부도 능률을 끌어올리려면 내실을 강화해야 한다는 점을 인정했다. 또한 사람들은 두뇌의 발달 과정이 피해를 초래하지 않는다면 결코 그것에 개입해서는 안 되며, 한창 두뇌가 발달할 때 인위적인 상을 억지로 담으려 해서도 안 된다는 점을 깨닫기 시작했다. 심리학은 해가 되지 않는다면 반드시 인정해야 하는 수요와 공급의 법칙을 밝혀 주었다. 즉, 신탁교조주의oracular dogmatism의 엄격한 규율, 복잡한 금지규정, 공언의 금욕주의가 만연한 시대에서 기존 교육제도는 당시의 사회제도와 유사했으며, 이와 상반된 특징을 지닌 현대 문화는 비교적 진보적인 종교·정치제도에 상응한다.

아직 언급하지 않은 유사점도 있다. 이를테면 사회에서 변화가 초래된 과정이 다른 몇몇 국가에서도 비슷하다는 점이다. 수세기 전에 종교, 정치, 교육의 신념이 통일된 적이 있었다. 모두가 로마가톨릭교도였고 군주제를 지지했다. 또한 모두가 아리스토텔레스의 제자였으며, 문법학교의 일과를 두고는 누구 하나 의문을 제기할 생각을 하지 않았다. 이때의 획일성은 끊임없이 확산되던 다양성으로 대체되었다. 개성을 주장하려는 성향은 프로테스탄티즘의 도화선이 된 후, 수많은 종파의 난립으로 이어졌다. 아울러 정당제도가 도입되고, 양당체제로부터 다양성이 진화하기도 했다. 학교에 대한 베이컨의 반란[2]이 벌어진

---

2) 미국 총독부의 인디언 정책으로 인해 벌어진 아메리카 식민지 최초의 무장봉기. - 옮긴이주

이유도 개성을 추구하려는 성향 때문이었다. 이는 국내외에서 우후죽순으로 늘어난 사상 체계의 원류가 되었고, 교육계에서는 방법론이 분화하고 서서히 증가하는 데 기여했다. 내부의 변화가 결국에는 외부로 드러나듯, 앞서 언급한 과정도 거의 동시에 이루어졌다. 예컨대 교황이든, 철학자든, 왕이든, 교사든 필연적으로 권위가 쇠퇴하면, 쇠퇴하는 과정뿐 아니라 그것이 초래한 새로운 양상의 이론, 그리고 자율 행동에 대한 성향이 눈에 띈다는 것이다.

대다수는 청소년 문화의 양상이 복잡해졌다는 데에 유감을 표하겠지만, 가톨릭 언론은 여기서 이성 체계를 궁극적으로 확립할 수단을 찾아낼 것이다. 신학에 반대하는 사람의 생각이야 어떻든, 교육과 대립하다 보면 결국 복잡한 방향으로 탐구가 촉진된다. 가령, 우리에게 정확한 방법이 있다면 여기서 탈선하는 것은 무익할 뿐이다. 하지만 정확한 방법을 찾아야 한다면, 수많은 사람들이 각자만의 방향으로 연구에 매진하여 최선의 주체를 만들어 낼 것이다. 어느 정도 사실에 근거한 발상으로 다른 아이디어를 비판하는 데 인색하지 않다면, 그들은 점차 바른 궤도를 찾아갈 것이다. (이때 제 나름의 방안을 찾아내는 데 열의가 있고, 정확성을 검증할 수단이 넉넉하며, 검증 결과를 적극적으로 알려야 한다.) 누구나 찾을 수 있는 평범한 방법이라도 수시로 결과를 보여 준다면 이를 채택해야 한다. 그릇된 방법은 반복되는 실험을 통해 자연스레 불발로 끝나게 되어 있다. 이런 식으로 데이터를 수집하고 오류를 수정하다 보면 결국에는 정확하고 완벽한 원칙을 찾을 수 있을 것이다. 의견이 거쳐 가는 세 가지 국면, 즉 무지한 자들의 만장일치, 탐구하는 자들의 대립, 현명한 자들의 만장일치 중에서 두 번째가 세 번째의 원인이 된다. 이 셋은 꼭 시간의 순서라기보다는 인과의 순서로 봄직도 하다. 따라서 갈등을 빚고 있는 현행 교육제도에 대해 조바심이 나고, 그 과정에서 불거지는 폐단이 유감스럽더라도 갈등은 교육이 거쳐 가는 과도기이며, 결국에는 유익한 열매를 맺으리라는 점을 명심해야 할 것이다.

여기서 잠시 진보의 발자취를 살펴보자. 50년 동안 토론과 실험을 거쳐 그 결과를 서로 비교해 보았다면 목표까지 남은 단계에서 좋은 결실을 맺으리라 단정해도 무리는 없을 것이다. 그때가 되면 구식은 쓰지 않을 것이고, 참신한 방법이 벌써 자리를 잡은 데다, 상당수는 폐기되거나 채택되고 있을 테니 말이다. 다양한 변천 속에서 이를 견주어 보면 비슷한 특성이 보이고, 공통된 성향도 발견할 수 있을 것이다. 그러면 추론을 통해 경험이 이끄는 방향을 파악하고, 좀 더 진일보한 방안을 위한 단서도 얻을 수 있을 것이다. 문제를 깊이 들여다보기에 앞서, 과거와 현재의 교육이 어떻게 다른가부터 훑어보자.

한 가지 착오를 억누르고 나면 상반되는 것이 잠깐이나마 두각을 나타내는 경우가 비일비재하다. 예를 들어 신체 발육만을 염두에 둔 나이가 지나면 사고력을 키우는 데 집중하는 때가 오게 마련이라는 것이다. 아이가 두세 살이 되면 책을 펴게 되고, 수업시간이 늘어나며, 지식 습득이 필요해진다. 늘 그렇듯, 이 시기가 지나면 서로 대립되는 착오를 조율하는 단계가 온다. 즉, 착오는 곧 동전의 양면과도 같다. 그제야 우리는 몸과 마음을 모두 보살피고 전인적인 요소, 즉 지덕체가 골고루 발달해야 한다는 결론에 이르게 된다. 발육 촉진을 포기하고 조숙을 장려하지 않게 된 이유가 바로 여기에 있다. 사람들은 성공적인 인생의 첫 번째 필요조건으로 선한 동물이 되는 것을 꼽기 시작했다. 머리가 아무리 좋아도 이를 움직일 생명 에너지가 부족하다면 머리는 아무런 소용이 없다. 하지만 에너지원을 얻겠답시고 다른 에너지원을 포기하는 것은 어리석은 짓이다. 영재의 패착에서 보이는 바보짓처럼 말이다. 그런 의미에서 우리는 시간을 지혜롭게 쓰는 요령을 터득하는 것이 교육의 비결이라는 옛말의 지혜를 깨닫게 된다.

한때 보편적이던 암기 학습은 점차 신빙성이 떨어지고 있다. 요즘 권위자들은 구태의연한 알파벳 교수법을 비판한다. 구구단은 실험의 일환으로 가르칠 뿐이다. 언어를 습득할 때의 문법 수업은 아이가 모국어를 배워 가는 자율적인 과정이 대신하고 있다. 〈배터시 훈련학교 보고서Reports on the Training School at Battersea〉에서는 현장에서 활용되는 교육법에 대해 다음과 같이 밝혔다.

"예비 과정에서 교육은 주로 구두로 전달되며, 가급적이면 자율적 본능에 맡긴다." 전체 과정도 다르지 않았다. 암기 체계는 시행년수가 같은 여느 체계와 같이, 실물이 상징하는 의미보다 도형과 기호 자체를 중요시했다. 어구를 정확히 따라 하는 것이 중요할 뿐, 의미를 이해하는 데에는 전혀 관심이 없었다고 볼 수 있다. 사고력이 문자에 묻히는 격이었다. 여러 사례에서 이러한 결과는 우연이 아니라 필연이었다. 기호에 관심을 두는 만큼 그것의 의미에 대해서는 무관심할 수밖에 없기 때문이다. 몽테뉴Michel Eyquem de Montaigne의 말마따나 "암기가 지혜일 리 없었다 Scavoir par Coeur n'est pas scavoir."

암기 교육과 더불어, 규칙을 통한 교수법도 문제가 있다. 원래 각론 다음에 개론을 설명하는 것이 일반적인데, 배터시 보고서에 따르면, 학생에게 규칙(개론)부터 일러 주어 순서가 뒤바뀌기 일쑤라고 한다. 아직 실험으로 입증되진 않았다. 규칙 교수법 또한 경험적인 지식만 전달한다는 비난을 사고 있다. 학생들이 이해했다는 인상은 줄지 몰라도 실제로 그런 것은 아니기 때문이다. 탐구의 결실을 맺는다면서도 정작 탐구하지 않는다면 힘만 빠질 뿐 아무런 소득이 없을 것이다. 일반적 진리는 땀을 흘려야 효용가치가 영원히 보존되는 법이다. "쉽게 얻은 것은 그다지 아쉽지 않다"는 부와 지식 모두에 적용되는 속담이다. 다른 콘텐츠와 결부되지 않은 채 머릿속에 고립된 규칙은 번번이 망각되지만, 규칙이 단편적으로 밝힌 원리는 이해력과 만나면 오랫동안 뇌리에 각인된다. 규칙을 배운 아이는 이를 벗어나면 헤매지만, 원리를 배운 아이는 새로운 문제도 곧잘 풀어낼 수 있다. 규칙과 원리에 담긴 심리는 서로 다르다. 너저분하게 쌓인 자재와, 너저분하지만 부품이 서로 연결되어 하나의 완제품이 된 자재가 다르듯 말이다. 후자의 장점은 구성원이 탄탄하다는 것이며, 더 큰 장점은 탐구, 독립적 사고, 발견을 위한 능률적인 주체가 조성된다는 것이다. 전자가 무용지물인 까닭이 여기에 있다. 비유로 치부할 이야기가 아니라, 이것이 진실이다. 구체적인 사실을 일반화하는 것은 (주관적 현상이든 객관적 현상이든) 지식을 조직하는 것이며, 이해력은 조직성의 정도로 측정될 것이다.

원리가 규칙을 대신하고, 추상적 사실에 익숙해지기 전에는 이를 가르치지 않는 관습으로 인해 초기 학습 과정은 나중으로 밀려나게 되었다. 아이에게 문법을 가르치는 어리석은 관습을 폐지한 사례가 이를 잘 보여 준다. 교육학자 중 클로드 마르셀Claude Marcel은 "문법이 디딤돌이 아니라 완성된 수단이라는 점은 분명한 사실이다"라고 역설했고, 토머스 와이스Thomas Wyse는 "문법과 구문은 법칙과 규칙을 집대성한 것이다"라고 주장했다. 규칙은 실습으로 수집되므로 장기간 사실을 관찰하고 비교하여 얻은 귀납 추론의 결과라 할 수 있다. 규칙은 결국 과학이요, 언어의 철학인 셈이다. 자연의 절차를 따를라치면 개인이든 민족이든 단번에 과학에 접근하는 법은 없다. 즉, 수년간 언어를 구사하고 시를 써야 비로소 문법이나 운율을 창안해 낸다는 것이다. 인간은 아리스토텔레스가 자신의 논리를 이성으로 구축할 때까지 마냥 기다리진 않았다. 요컨대 문법은 언어가 발달한 후에 확립되었으므로 언어 발달 전에 문법을 가르친다는 것은 어불성설이며, 인류와 개인의 진화에 얽힌 관계를 깨달은 사람이라면 이것이 불가피한 사실이라는 데에 동감할 것이다.

기존의 문화가 쇠퇴하는 가운데, 새롭게 부상하는 것 중에서 가장 중요한 변수는 관찰력이라는 체계적인 문화다. 인류는 눈이 가려진 채 수세대를 보내다가, 마침내 아이의 관찰력이라는 자율 활동에 의미와 쓰임새가 있다는 것을 알게 되었다. 과거에는 무의미한 허튼짓이나 놀이나 장난에 불과했던 것이 지금은 모든 후속 지식의 근간을 이룰 지식 습득 과정으로 인정받게 된 것이다. 때문에 실물교육[3]은 발상은 좋았지만, 구체적으로 실시된 적이 거의 없었다. 물리학이 과학의 어머니라는 베이컨의 격언은 교육에도 적용해 봄직하다. 인간의 지각은 오류가 많은 탓에 물체의 시각적·촉각적 특성을 정확히 알지 못하면 추론이 틀려 일이 그르칠 공산이 크다. 수면 부족으로 나른하고 몽롱한데도 교육이 감각을 등한시한다면 그것을 고칠 방법은 없다. 우리

---

3) 학습자가 실제 사물을 직접 관찰하거나 만져 보도록 하는 학습 방법. – 편집자주

는 철저한 관찰력이 대성을 부르는 기본 원리라는 점을 알게 될 것이다. 관찰력이 필요한 사람은 예술가, 자연주의자, 과학자에 국한되지 않는다. 베테랑 의사도 정확한 진단을 내리려면 관찰력이 남달라야 하고, 수년의 경력이 있는 엔지니어라면 관찰력이 이미 생활화되었을 것이다. 그러나 철학자도 따지고 보면, 다른 사람들은 간과하고 마는 대상의 관계를 '관찰하는' 사람이고, 시인 역시 지적해 주면 대번 알아차리지만 말하기 전에는 누구도 눈치채지 못하는, 자연계의 세밀한 사실을 '관찰하는' 사람인 셈이다. 확실하고 생생한 인상이 중요한 대상이라면 단연 섬세한 관찰력이 필요할 것이다. 지혜라는 튼실한 직물을 썩은 원재료로 짤 수는 없다.

원리를 추상적으로 전달하는 과거의 방식이 쇠퇴해 감에 따라 요즘에는 원리를 구체적으로 전달하는 방식이 뜨고 있다. 과학의 기초적인 사실은 질감이나 맛 혹은 색깔을 배우듯 직관으로 학습되고 있다. 산수에서 주판을 처음 도입했다는 점이 좋은 사례가 된다. 아울러 드모르간Augustus de Morgan[4] 교수가 십진법을 설명한 방식도 이를 분명히 보여 주고 있다. 마르셀은 구구단을 비롯하여 암기표를 활용하는 구식 시스템을 거부하며, 실제 야

---

4) 영국의 수학자 겸 논리학자로 집합 연산의 기초 법칙인 '드모르간의 법칙'을 발견하였다. - 옮긴이주

드, 피트, 파운드, 온스, 갤런, 그리고 쿼트로 무게와 길이를 측정하는 법을 가르치고, 이들과의 관계는 실험으로 발견하도록 유도했다. 또한 지형 모델과 정방형 등을 각각 지리학과 기하학의 입문용으로 활용하고 있다는 점도 같은 사례로 꼽힌다. 이러한 방안의 공통점은 아이도 성인이 지각을 경험하는 과정을 동일하게 거친다는 것이다. 수와 도형 및 위치 관계를 둘러싼 지식은 본디 실물에서 유추해 낸 결과로, 아이에게 이를 구체적으로 전달한다는 것은 인류가 습득해 온 방식대로 아이를 가르친다는 이야기가 된다. 그러면 다른 식으로는 학습이 불가능하리라는 생각을 가질 법도 하다. 지식을 추상적으로 반복하며 배운들 아이가 명제를 직관적으로 인식하기 전에는 추상이 무의미하기 때문이다.

　그런데 변화의 물결 중 가장 의미심장한 사실은 지식 습득을 고통이 아니라 즐거움으로 바꾸겠다는 욕구, 즉 연령별로 좋아하는 지적 활동이 학습에 바람직하며, 그 반대도 성립된다는, 지각에 근거한 욕구가 점차 커지고 있다는 것이다. 지식에 대한 욕구가 커지고 있다는 것은 지식을 이해할 수 있도록 지각이 적절히 발달해 왔음을 뜻한다. 반면에 지식이 발달에 필요하지만, 너무 이르게 혹은 소화할 수 없는 방식으로 지식을 전달하면서 지식에 대한 혐오가 생겨났다는 의견이 확산되고 있다. 따라서 조기교육은 물론, 모든 교육에 재미를 덧입혀야 할 것이다. 놀이뿐 아니라, 동요와 동화도 가르치라. 날이 갈수록 우리는 아이의 의견에 계획을 맞추고 있다. '아이가 이런저런 수업을 좋아할까?' '아이가 과연 몰입할 수 있을까?' 우리는 끊임없이 질문을 던진다. "아이가 선천적 욕구를 마음껏 해소해야 한다"는 게 마르셀의 지론이다. 그는 "호기심 해소를 통해 지적·신체적 능력이 발달되어야 한다. 수업은 아이가 지루하다는 의사를 밝히기 전에 마쳐야 한다"라며 말을 이었다. 물론 중등 및 고등교육도 대동소이하다. 수업 후 잠시 쉬거나, 야외로 소풍을 가거나, 재미있는 강연을 듣거나, 합창을 연습하는 과정에서 우리는 기분 전환을 느낄 수 있다. 금욕주의는 교육 밖으로 사라지고 인생에서도 작별을 고하는 추세다. 아울러 행복을 장려하는 정책은 학교와 보육시설에 관한 입법의 시금석이 될 것이다.

그렇다면 이 같은 변화의 공통점은 무엇일까? 자연적인 방법에 점차 순응해 간다는 게 아닐까? 자연이 거부하는 조기 강제 교육을 그만두고, 몸과 오감을 키우는 데 몇 년을 할애한다는 것이 좋은 예이다. 그리고 구두 및 실험 수업이 암기식 수업을 대체하고, 규칙을 일러 주는 교수법 대신, 들과 운동장에서 실시하는 수업을 비롯하여 원리를 가르치는 수업, 즉 각론을 다루기 전에는 개론을 보류하는 수업을 도입하게 되었다는 점에서도 그렇다. 실물교육 체계도 이를 잘 보여 주며, 과학의 기초 원리를 추상적이 아니라 구체적으로 가르친다는 점도 예로 꼽을 수 있다.

무엇보다 다양한 방식으로 지식을 흥미롭게 전달하려는 노력을 보인다는 점이 중요하다. 필요한 역할을 성취했을 때 느끼는 희열이 삶의 자극제가 되는 것은 모든 피조물에 적용되는 자연적 질서다. 이를테면, 영아가 스스로 학습하는 동안 산호를 깨물고 장난감을 망가뜨리는 과정에서 맛보는 즐거움은 물질의 특성을 가르치는 일종의 '행동 프롬프터prompter[5]'와도 같다. 따라서 아이가 호기심을 느낄 만한 수업 주제와 교수법을 선정하는 것은 곧 자연의 순리를 따르고 교육을 삶의 법칙에 적용하는 것과 같다.

우리는 페스탈로치Johann Heinrich Pestalozzi가 오래전에 규명한 원칙을 향해 질주하고 있다. 그는 순서와 방법 면에서 교육이 정신의 자연스러운 발달 과정에 순응해야 한다고 주장했다. 신체적 · 정신적 능력이 자율적으로 발달되는 순서와, 각 단계에서 요구하는 지식이 있으므로 우리가 이 순서를 확인하여 그에 걸맞은 지식을 심어 주어야 한다는 이야기다. 앞서 넌지시 밝힌 발전 사례는 이러한 원리를 부분적으로나마 적용한 것이다. 실제로 교사는 이에 대해 대충 감만 잡고 있는 실정이지만, 교육과 관련된 저작에서는 이를 매일 촉구하고 있다. 마르셀은 "자연의 방법은 모든 방법의 원형"이라고 말하는가 하면, 와이스는 "학생이

---

5) 연극 등을 공연할 때 관객이 볼 수 없는 곳에서 배우에게 대사나 동작 따위를 일러 주는 사람. – 편집자주

자신을 바르게 가르치도록 유도하는가에서 교육 성과를 가늠할 수 있다"라고 역설했다. 사물의 구조에 친숙해질 수 있도록 과학이 힘써 준다면 우리는 그 사물에서 자립을 읽을 수 있을 것이다. 고등 지식은 인간이 삶의 과정에 섣불리 개입하지 못하도록 끊임없이 한계선을 긋고 있다. 의학계에서는 기존의 강력한 처방이 순한 처방에 자리를 내주는가 하면, 평범한 양생법이 아니고는 처방이 아예 없는 경우도 비일비재했다(포대기로 감싸듯 아기에게 붕대를 감아 줘야 아기의 체형이 예뻐진다고 알려졌지만 사람들은 그럴 필요가 없다는 사실을 깨달았다). 교도소에서도 자연스런 훈계만큼 계도에 효과적인 원칙은 없었다. 재소자가 생산노동을 통해 인성을 빚어 가듯, 자율적인 발달에 도움이 되는 교육방침이 교육의 성공을 좌우하는 것이다.

물론 이 같이 문제와 방법이 발달단계뿐 아니라, 신체적·정신적 능력을 발휘하는 활동에 적합해야 한다는 원리는 너무 자명하기에 아주 무시된 적은 없었다. 때문에 교사는 교육과정을 이에 맞추어야 했다. 이유는 단순했다. 그러지 않으면 교육이 불가했으니까. 즉, 덧셈을 배우기 전에 비례식을 배울 리 없고, 습자 연습을 시작하기 전에 연습 문제를 쓸 일은 없었다는 이야기다. 원뿔곡선도 유클리드 기하학을 섭렵하고 나야 배울 수 있었다. 하지만 기존의 방법으로는 개론에서 알아야 할 것을 구체적으로 인식하지 못한다는 단점이 있다. 여러 분야에 두루 적용되는 이야기다. 가령 아이가 위치와 관련하여 두 가지 사물을 인식할 때부터 지구를 '육지와 바다로 구성된 구체로 산과 숲과 강과 도시로 덮여 있으며, 축을 중심으로 자전하고 태양 주위를 공전한다'라는 개념으로 파악하기까지는 수년이 흘러야 한다고 치자. 한 가지 개념을 익히고 나서 다른 개념을 섭렵하는 과정에서 중간 난도의 개념의 범위가 넓어지고 더욱 복잡해진다면 어떨까? 교육과정에서 포괄적 개념이 작은 개념과 조합을 이루고, 이를 통해 개념을 폭넓게 익힌다고 추정해 볼 수 있지 않을까?

그렇다면 어떤 것의 요소가 되는 개념이 머릿속에 자리 잡기 전에 이러한 복합적인 개념을 가르치는 것이, 첫 개념에 앞서 최종의 개념부터 가르치는 것보다 합리적이지 않겠는가? 각 과목을 숙달하려면 점차 복잡해지는 개념을 학습하는 과정이 있게 마련이다. 각 과정마다 대응되는 신체적·정신적 능력은 이러한 동화작용에 따라 발달하므로, 복잡한 개념이 머릿속에 정상적인 순서로 자리 잡지 않는다면 이러한 능력이 발달되지 못할 것이다. 그리고 순서가 정상에서 벗어난다면 복잡한 개념에 대해 관심이 없어지거나 이를 혐오스러워할 수도 있다. 학생이 스스로 공백을 채울 만큼 지각이 발달되어 있지 않다면 복잡다단한 개념은 뇌리에 죽은 지식이 되어, 결국에는 거의 쓸모가 없거나 아주 무용지물이 되고 말 것이다.

그렇다면 "굳이 커리큘럼을 짤 필요가 있을까?"라는 물음을 제기할 법도 하다. "몸과 같이 지각도 정해진 발달 과정을 겪는 다고 치자. 예를 들어 지각이 자율적으로 발달하고 이런저런 정보에 대한 욕구가 필요할 때마다 발생한다면, 또 적시에 정확한 활동을 일러 주는 프롬프터가 내재되어 있다면 왜 우리가 굳이 개입해야 하는가? 아이를 자연적인 훈육에 전적으로 맡겨야 하지 않을까? 아이가 가급적 많은 지식을 스스로 터득하도록 내버려 두지 않는 까닭은 무엇인가? 일관성 있게 행동하면 안 될까?" 라고 말이다. 아주 논리적인 질문은 아닌 것 같다. 얼핏 보기에는 철저한 자유방임주의 체제가 논리적 결과인 듯 보이지만, 귀류법[6]을 쓰면 이를 반증할 수 있다. 물론 원칙을 제대로 이해한다면 방어할 수 없는 입장에 놓일 일은 없을 테지만 말이다. 반증은 물질적인 비유를 조금만 생각해 봐도 무난할 듯싶다. 모든 생명체의 일반적 법칙 중 하나는 유기체가 복잡할수록 모체의 보호와 먹이 공급에 의존하는 기간이 길어진다는 것이다. 식물계에서 크기가 작고 형태가 짧은 시간에 형성되며 스스로 움직이는 사상조류의 포자와, 서서히 발달하는 나무 종자(잎이 무성해지고, 첫 생장 단계에서는 병원체에 양분을 공급하기 위해 대량의 자양분을 떼어 둔다)의 차이가 그 예다. 동물계에서는 자율적으로 이분되고 모체에

---

6) 어떤 명제가 참임을 증명하려 할 때 그 명제의 결론을 부정함으로써 가정 또는 공리 등이 모순됨을 보여 간접적으로 그 결론이 성립한다는 것을 입증하는 방법. - 옮긴이주

서 떨어지자마자 하나의 온전한 개체가 되는 단세포생물과, 길고 긴 임신기간 동안 모태에 있다가 태어나도 얼마 동안은 어미 젖에 의존해야 하는 인간의 차이를 꼽을 수 있다(그리고 난 뒤에도 음식을 만들어 주어야 하고, 스스로 먹을 줄 알게 된다손 쳐도 의식주를 계속 공급해 주어야 한다. 태어난 지 15~20년은 지나야 자립할 수 있기 때문이다). 이 법칙은 육체뿐 아니라 정신에도 적용된다. 정신적 양식도 고등동물, 특히 인간도 처음에는 성인에 의존한다. 아기가 몸을 가누지 못하기에 남에게 음식을 받아먹듯, 인간은 태어나서 지각하는 데 필요한 재료도 얻어야 할 만큼 나약하다. 처음부터 요리할 줄 아는 인간은 없듯, 인간은 수많은 지식을 완전히 이해할 수 있는 모양새로 적당히 줄일 줄도 모른다. 언어는 주변 지식에서 비롯된 것이다. '아베론의 야생아the Wild Boy of Aveyron'에서 알 수 있듯이, 야생아의 발달이 중단된 까닭은 부모나 유모에게서 아무런 도움을 받지 않았기 때문이다. 따라서 지식은 올바른 것을 골라 올바른 방법으로 요리하여 올바른 간격으로 올바른 양을 제공해야 하므로, 아동의 정신 또한 신체 못지않게 보살펴야 할 범위가 넓다. 경우야 어떻든, 부모의 주된 역할은 발육에 필요한 '조건'이 지켜지도록 관리하는 것이다. 아울러 부모는 의식주를 공급하되 몸 전체가 제 나름의 순서와 방법대로 발달하도록 내버려 두어야 한다. 소리를 들려주어 모방을 유도하거나 책을 읽게 하거나 문제를 풀게 해도 좋다. 어쨌든, 직간접적으로 강요만 하지 않으면 정상적인 정신발달에 방해가 되진 않을 것이다. 오히려 발달을 촉진하는 계기가 될지도 모른다. 그러므로 혹자의 주장과는 달리, 앞서 밝힌 원칙을 인정한다는 것을 인위적인 교육을 모두 포기하라기보다 적극적이고도 섬세한 발달 과정에 넉넉히 여지를 두라는 뜻으로 해석해야 할 것이다.

페스탈로치에 대한 고찰

개론에서 각론으로 바꾸자면, 우선 페스탈로치식 교육 체계가 이론을 실현시키지 못했다는 점이 눈에 띈다. 예컨대 아이는 수업에 흥미가 없거나 이를 혐오하는 경우도 더러 있었고, 수집한 정보에 따르면 페스탈로치식 교육을 표방하는 학교는 평균에는 들었을지 몰라도 두각을 나타내는 인재를 양성하지 못했다고 한다. 물론 놀랄 만한 소식은 아니었다. 교육 수단은 이를 활용하는 두뇌가 성패를 좌우하게 되어 있으니까. 당연한 이야기지만, 도구가 아무리 좋아도 장인의 실력이 미흡하면 작품을 망칠 테고, 아무리 좋은 교육법이 있어도 교사의 자질이 떨어지면 실패할 수밖에 없다. 이러한 경우는 방법이 좋아서 되레 실패한다고 봐야 할 것이다. 완벽한 수단도 오합지졸의 손에 들어가면 불완전의 원흉이 될 뿐이다. 단순한 데다 거의 기계적인 수업은 아주 평범한 사람도 해낼 수 있지만 큰 효과를 기대할 수 없는 반면, 완벽한 교육 체계는 수단뿐 아니라 다양한 두뇌 활용 계발에서도 목적에 따른 맞춤식 수단을 제시하며, 웬만한 교사는 갖지 못한 활용 능력이 요구되기도 한다. 부인학교[7] 여학생은 철자 수업을 듣고, 노천교실 교사는 사내아이에게 구구단을 가르칠 수 있겠지만, 철자를 정확히 가르치거나 숫자의 조합을 설명하려면 약간의 이해가 뒷받침되어야 할 것이다. 아울러 학문의 전 영역에 걸쳐 합리적인 강의를 진행하려면 판단력, 창의력, 이해력, 분석력이 필요하다. 결국 진정한 교육은 명실상부한 철학자에게서만 시행할 수 있는 셈이다. 그렇다면 철학적인 방법이 활용될 가능성은 얼마나 될지 가늠해 보라. 우리가 심리학에 대해 아는 것이 거의 없고, 교사 또한 그에 무지하다면 심리학을 기본 학습으로 요구하는 제도가 얼마나 제대로 가동되겠는가?

페스탈로치의 원리가 구현된 방식을 통해 그것이 틀렸다는 사실이 입증되자 사람들은 좌절감을 느끼며 한숨을 지었다. 기대한 것에 대해 이렇다 할 해명이 없었기 때문에 그것과 연관된 계획의 원칙을 두고 불신이 팽배해진 것이다. 계획이 원칙에 일치하는지 검증하려 들지도 않았다. 보통 추상적이지 않고 구체적

---

7) dame school, 17~18세기 영국의 학교 형태 중 하나로 나이든 부인(dame)이 자택이나 다른 이의 집에서 어린이들을 가르쳤던 것을 말한다. – 편집자주

인 결과로 판단하는 사람들은 이론이 현실에서 제대로 구현되지 못한다는 점을 들며 이를 비난해 왔다. 증기가 동력이 될 수 없다는 점을 밝히기 위해 드니 파팽Denis Papin이 증기기관을 제작했다고 말하는 격이다. 페스탈로치의 근본 아이디어는 틀리지 않았지만, 그가 이를 제대로 적용하진 못했다는 점과 틀린 경우도 종종 있었다는 점은 늘 명심해 두어야 할 것이다. 페스탈로치를 따르는 사람들의 말로는 페스탈로치는 직관적인 사람인지라 이따금씩 혜안이 불현듯 스치긴 했지만 조직적으로 사고하는 사람은 아니었다고 한다. 스탄츠Stantz에서 그가 최초로 성공을 거두었을 때 그에게는 책도 없었고 흔한 교구도 없었다. 단지 아이에게 필요한 가르침이 무엇인지, 이를 기존의 지식과 연결시키는 가장 좋은 대안은 무엇인지에 주안점을 두었다고 한다. 그의 저력은 지식 계발 계획을 심사숙고하는 것 대신, 깊은 이해력으로써 아이의 고충과 필요를 본능적으로 지각한 데 있었다. 때때로 머릿속의 지식을 논리적으로 조직·계발할 능력이 부족한 탓에, 대리인 크루시Kruesi, 토블러Tobler, 부스Buss, 니더러Niederer, 그리고 슈미드Schmid에게 그것을 맡겼다. 그로 인해 페스탈로치만의 계획과 대리자가 고안한 것이 서로 일관적이지 않은데다 조잡한 경우도 비일비재했다. 예컨대《엄마 매뉴얼Mother's Manual》에 기술된 육아법은, 처음에는 신체 부위의 명칭을 비롯하여 상대적인 위치를 구체적으로 설명한 뒤 서로의 관계를 규명했는데, 이는 정신발달과정의 초기 단계와 전혀 일치하지 않는다. 어구의 의미와 문장 구성을 훈련하여 모국어를 가르치는 과정은 전혀 필요 없기 때문에 아이의 만족은커녕 땀과 시간을 빼앗는 결과를 초래하고 말았다. 그가 내놓은 지리학 교수법도 정작 페스탈로치식과 거리가 멀었고, 근본적으로는 건실한 계획도 완성도가 떨어지거나 기존 제도의 잔재 탓에 효과가 무색해지고 있었다. 페스탈로치가 처음 알린 교육 원칙은 전적으로 좋았으나, 특수한 수단을 무비판적으로 받아들인 것이 패착의 원흉으로 보인다. 원대한 지식을 전하는 방식과 관행을 신성한 것으로 인정하는 인류의 성향(마치 선지자 앞에서 자신의 지혜를 겸허히 내려놓고 그의 말이라면 뭐든 확신해야 할 것 같은 의무감)과 개념의 외피를 개념 자체로 오인한 성향으로 인해 페스탈로치식 제도가 표방하는 근본 원리와, 이를 실시하기 위해 고안된 방편을 구별해야 할 필요가 있다. 아울러 전자가 견고히 자리를 잡았다면, 후자는 정규과정을 개괄적으로 설명한 것에 불과하다는 점도 알아 두어야 할 것이다. 인간의 지식 상태를 보면 이에 동감할지도 모르겠다. 교육 방안이 신체적 · 정신적 능력과 조화를 이루기 위해서는, 그것이 마련되기 전 신체적 · 정신적 능력이 개발되는 경위부터 온전히 알아야 한다. 하지만 이에 대한 지식은 소수의 개념으로만 이어져 있다. 이와 같은 개념이 상세하게 발전하여 다수의 구체적인 명제로 바뀌어야 할 것이다. 교육 기술이 근간으로 삼아야 할 과학을 습득하기 전에 말이다. 지각이 활성화되는 순서와 조합을 분명하게 파악하고 나면, 수많은 대안 중에서 자연적인 행동 방식에 가장 부합하는 것을 선택해야 한다. 따라서 가장 진보된 교수법이라고 해서 이를 '정도正道'라거나 그에 가깝다고 추정할 수는 없다.

페스탈로치식 대안과 원리의 차이를 염두에 두고, 페스탈로치식 대안에 결함이 있을 수밖에 없다는 근거를 파악한 독자라면, 혹자가 불만을 표시한 제도라도 그것의 진정한 가치를 판단할 것이다. 또한 페스탈로치식 아이디어를 적절히 구현해 내야 한다는 점을 깨달을 것이다. 하지만 현재로서는 그렇게 될 가능성이 전무하다. 설령 연구를 실시한다손 쳐도 예비 단계에 모든 노력을 기울여야 한다면, 윤리적 심리학[8]이 정립되기 전에는 계발 계획이 완성되기 어렵다. 그렇지만 페스탈로치식 원리의 도움을 받아 완벽에 가까이 접근할 수 있으리라 본다. 여기서 연구의 준비 단계에 앞서 이러한 원리를 구체적으로 밝힐까 한다. 일부는 앞 장에서도 다소 분명하게 암시했지만, 여기서는 논리적인 순서로 진술할 것이다.

---

8) 경험에서 벗어나 정신의 본질을 규정하면서 얻은 정신적 개념으로 정신 현상을 설명하는 심리학. – 편집자주

1. 교육을 두고는 단순한 개념에서 복잡한 개념으로 진행해야 한다는 진리를 행동의 준거로 삼아 왔지만, 실제로는 공공연히 그런 적도 없고 일관성이 있었던 적도 여태 없었다. 지각은 성장하게 마련이다. 성장하는 피조물처럼 지각 또한 동질적인 것에서 이질적인 것으로 발전하므로, 정상적인 교육제도 또한 이러한 발전 과정을 보여 주어야 한다. 같은 관점에서 볼 때, 이러한 원리는 보기보다 적용 범위가 상당히 넓다. 지식 또한 단순한 개념에서 복잡한 개념으로 가르쳐야 하기 때문이다. 지각이 처음에는 소수만 활성화되었다가 훗날 모든 기능이 완성되어 동시에 활성화되듯, 교육과정에서도 처음에는 소수의 과목을 동시에 가르치다가 몇 과목을 추가하다 보면 결국에는 모든 과목을 고스란히 섭렵하게 될 것이다. 결국 교육은 구체적인 것뿐 아니라, 총체를 이루는 내용도 단순한 개념에서 복잡한 개념으로 진화해야 한다.

2. 수업이 구체적 개념으로 시작해서 추상적 개념으로 마쳐야 한다는 주장은 앞서 밝힌 원리를 반복한 것으로 보일지도 모르겠다. 그래도 이 원리는 재차 강조해야 할 필요가 있다. 아울러 특정 사례에서 단순한 개념과 복잡한 개념이 무엇인지도 보여 줄 참이다. 하지만 안타깝게도 이 점에 대해서는 오해가 적지 않았다. 통념에 따르면, 아이가 배우는 개념을 단순화해야 한다고 한다. 아이가 이해하는 수많은 사실을 통틀어 비교할 수 있을 때에만 개념이 단순해야 한다는 점, 하나

씩 습득한 사실은 오히려 복잡하다는 점, 하나의 지식을 여럿 섭렵하면 기억력과 추리력에 보탬이 된다는 점, 그리고 개별적인 사실을 습득하지 않으면 모든 것이 미스터리에 불과하다는 점을 망각한 것이다. 이러한 것들을 혼동한 교사는 주요 원칙과는 (얼핏 보기에는 그렇지 않을지라도) 다른 과정인 '제1원리'에서 수업을 시작하는 오류를 범하고 말았다. 따라서 예시라는 매개체를 통해 지각에 원리를 도입하고, 각론에서 개론으로, 구체적 개념에서 추상적 개념으로 교육 방식을 유도해야 한다.

3. 아동교육은 방식과 순서상, 역사적 맥락을 고려하여 인류의 교육과 일치해야 한다. 바꾸어 말하자면, 개인의 지식 창출은 인류의 지식 창출과 궤도가 같아야 한다는 것이다. 이 원리는 오귀스트 콩트Auguste Comte가 밝힌 것으로, 지식 창출에 대해 그가 주장한 이론을 살펴보지 않더라도 원인과 순서 면에서 공감할 만하다. 이 원리에는 두 가지 근거가 있는데, 이를 확립하는 데는 어느 하나만 거론해도 충분할 것이다. 한 가지 근거는 광범위한 결과를 감안한 유전 법칙에서 추론할 수 있다. 외양과 인성을 선조에게 물려받는다는 점이 사실이라면, 즉 연령대가 같은 가문의 구성원에게서 공통의 정신적 특성(광기 따위)이 발현된다는 점이 사실이라고 치자. 그렇다면 수많은 선조의 특성이 후대의 특성과 결합할 때 유전 법칙이 모호해지는 개별 사례에서 민족 전체의 사례로 범위를 확대하

면 대대로 분명한 대조를 보였다는 점을 알 수 있을 것이다. 또한 이러한 개별적인 형질이 하나의 줄기에서 파생되었으므로 이들이 뚜렷한 대조를 보이는 원인은 (누적된 형질을 개별적으로 후대에 전수한) 세대를 거듭할 때마다 달라지는 환경에서 찾아야 한다. 만일 형질을 떼어 낼 수 없다면, 즉 프랑스 아이는 이방인이 길러도 프랑스인이 된다고 보면 어떨까? 앞서 언급한 사실이 지각을 비롯한 모든 천성에 적용될 때 아이도 어른과 같은 순서로 지식을 배우면 어른과 동일한 소질이 발현될 것이라는 이야기다. 따라서 순서가 특별히 중요하지 않더라도, 교육은 어른이 거쳤던 단계를 따라야 할 것이다. 물론 순서가 대수롭지 않은 것은 아니다. 교육이 축소된 계몽(교화) 활동을 되풀이한 것이라는 근거도 있다. 역사적 순서가 개괄적이자 필연적이라는 점과, 이를 좌우하는 원인이 인류뿐 아니라 아이에게도 적용된다는 점은 입증할 수 있는 명제다. 원인을 상세히 밝히지 않더라도, 인류는 끊임없는 비교, 사색, 실험, 그리고 이론으로써 특정한 경로를 통해 각 주제의 지식을 섭렵하게 되었다. 또한 지각과 현상의 관계상 다른 경로로는 지식을 습득할 수 없다는 것과, 아이의 지각 또한 이와 동일한 경로를 통해서만 현상에 접근할 수 있으리라는 추론이 합리적이라는 점만 봐도 충분히 알 수 있다. 따라서 바른 교육법에 있어서 교화법 연구가 길잡이 노릇을 톡톡히 해낼 것이다.

4. 이러한 연구의 결론 중 하나는 교육의 각 영역이 경험적 개념

에서 합리적 개념으로 진행되어야 한다는 것이다. 인류의 발전사에 길이 남을 사실은 과학이 그에 대응되는 기술로부터 진화했다는 점이다. 과학은 개인이나 전 인류가 당면하고 있는, 구체적 수단을 통해 추상적 개념에 이르러야 한다는 필요성에서 비롯되었다. 그러므로 경험에 의거한 일반화뿐 아니라, 실습과 경험이 누적된 후라야 과학이 존재할 수 있는 것이다. 과학은 조직화된 지식이며, 지식이 조직되기 전 그중 일부는 먼저 머릿속에 들어 있게 마련이다. 따라서 연구에 순수한 실험이 도입되고, 충분한 관찰력이 축적돼야 추론을 시작할 수 있을 것이다. 이러한 원칙을 적용한 사례를 들자면, 언어를 배우기 전이 아니라 이를 깨우친 후에 배우는 문법이라든가, 회화에서 구도부터 잡는 커리큘럼을 꼽을 수 있다. 이러한 원칙을 적용한 사례는 점차 늘어날 것이다.

5. 앞서 말한 원리의 두 번째 결과이자, 계속 강조해도 모자라지 않는 점은 교육에서 자기 보존 과정을 최대한 장려해야 한다는 것이다. 즉, 아이들이 스스로 탐구하고 추리할 수 있도록 지도해야 한다. 말은 가급적 줄이고 탐구는 크게 늘릴 수 있도록 유도하라는 이야기다. 인류는 자율적인 지침만으로도 발전을 이루어 왔다. 개인이 최선의 성과를 얻으려면 인류와 같은 방식으로 진보해야 한다는 것은 자수성가한 사람의 성공 사례에서 끊임없이 입증되고 있다. 평범한 학교 수업을 듣고 자라면서, 그런 방식만이 실용적인 교육이라는 착각에 빠진 사람이라면 아이가 훗날 누군가를 가르친다는 생각에 절

망감이 밀려올 것이다. 그러나 주변 대상에 대한 지식이 소싯적에 스스로 학습한 결과라는 점을 명심한다면 결과는 다르다. 예를 들어 아이가 모국어를 통해 혼자서 무언가를 배울 수 있다는 점을 기억한다면, 인생의 경험과 학교 밖에서 터득한 지혜를 헤아린다면, 아무도 눈길 하나 주지 않는 런던 부랑자의 비상한 지능에 주의를 기울인다면, 아무런 도움도 받지 않고 비합리적으로 기획된 '커리큘럼'에서 고생해 온 사람이 얼마나 많은지 생각해 본다고 가정해 보자. 바른 순서와 바른 방법으로 주제가 주어질 때 정상적인 사고력을 갖춘 학생은 도움을 거의 받지 않고도 문제를 극복해 내리라는 주장이 그리 비합리적인 결론은 아닐 것이다. 아이의 머릿속에서 끊임없이 벌어지는 관찰과 탐구와 추리를 보고, 또 신체적·정신적 능력에 대해 예리하게 통찰하는 것을 보고도 아이의 저력을 깨닫지 못할 사람이 과연 몇이나 있을까? 그렇다면 같은 능력 안에서 체계적인 탐구를 실시한다면 도움을 받지 않고도 개념을 습득할 수 있을까? 지속적으로 무언가를 일러 주어야 할 필요는 아이의 무지가 아니라 우리의 무지가 불러온 결과다. 우리는 스스로 흥미를 느끼고 능동적으로 이해할 수 있는 지식을 아이에게서 떼어 놓은 것도 모자라, 아이가 이해할 수 없을 만큼 복잡한 개념을 강요하여 지식에 대한 싫증을 키우고 있다. 또한 아이가 자율적으로 지식을 습득하지 않으려 하니 위협과 체벌이라는 무력을 써서 지식을 주입시키고, 정작 관심 있는 지식의 학습은 막고 소화할 수 없는 지식을 꾸역꾸역 채우기도 하였다. 우리가 게으름을 피우고, 적절치도 않은 지식을 밀어붙인 탓에 아이는 일일이 설명을 해 주지 않으면 아무것도 이해할 수 없게 되어 결국에는 가르침을 수동적으로 받아들이는 소극적인 학습자로 전락하게 되었다. 교육은 그런 거라는 오해가 팽배해진 까닭도 그 때문이다. 우리만의 '요령'이 무의지를 조장했음에도 우리는 무의지를 요령이 필요한 이유로 삼고 있다. 교사의 실무가 합리적이라면 우리가 변론하고 있는 원칙과 대립될 리 없다. 이를 아는 사람은 우리가 자연의 순리를 따른다는 데 동감할 것이다. 아울러 숙련된 노하우를 발휘하면 조기뿐 아니라 늦은 단계에도 지각을 자율적으로 계발하는 데 보탬이 되며, 그럴 때만이 최상의 저력과 활동을 기대할 수 있다는 점도 알게 될 것이다.

6. 교육 계획을 판단하는 마지막 시금석은 '학생을 즐겁고 설레게 할 수 있는가?'라는 물음에서 찾아야 할 듯싶다. 방식이나 순서가 앞서 언급한 원리에 부합되는지 의문이 든다면 이 기준을 따르는 편이 안전할지도 모른다. 이론을 감안하여 제시된 교육과정이 언뜻 보기에는 최고인 듯해도 다른 과정에 비해 관심을 끌지 못하거나 비교적 흥미가 떨어진다면 과감히 포기해야 한다. 아동의 지적 본능이 우리의 추론보다 신빙성이 훨씬 높기 때문이다. 지적 능력에 대해 말하자면, 대개 건전한 활동은 즐겁지만 고통이 따르는 활동은 건전하지 못하다는, 보편적인 법칙이 적용된다. 정서적 본성은 아주 일치

한다고 보기 어렵지만, 지적 본성이나 그중 일부는 이 법칙에 거의 완벽하게 들어맞는다. 법칙에 대한 반감뿐 아니라 교사마저 성가시게 하는 교과는 본성과는 거리가 먼 데다, 지혜롭지 못한 제도에서 비롯된 것이다. 펠렌버그Fellenberg에 따르면, 어린이의 '게으름'은 선천적인 활동 성향과는 상극인지라, 그것이 잘못된 교육의 결과가 아니라면 모종의 구조적 결함과 관계가 깊을 것이라고 한다. 아동의 자율적인 활동은 신체적·정신적 능력을 건강하게 발휘할 때 만끽할 수 있는 즐거움이기도 하다. 수준은 높지만 발달이 미흡한 지각의 일부는 그에 요구되는 노력을 아직 감당할 수는 없을 것이다. 물론 가장 진보한 사람이라면 이를 선천적으로 갖추겠지만 말이다. 지각이 복잡다단하다는 점을 감안해 볼 때 정상적인 육성 과정에서 지각은 가장 나중에 훈련된다. 학생마다 제 나름의 동기가 작용하고, 직접적인 불쾌감을 상쇄하기 위해 간접적인 쾌감을 유도할 수 있는 나이가 되기 전까지는 지각에 대한 훈련이 필요하지 않을 것이다. 신체적·정신적 능력이 떨어지더라도, 활동을 통한 직접적인 만족감은 정상적인 자극제가 되고, 이를 제대로 관리한다면 더할 나위 없는 자극제가 될 것이다. 기억을 돌이켜 보더라도, 흥미(혹은 희열)를 유도할 수 있는 방법은 얼마든지 널려 있다. 어떤 척도를 적용한들 그것이 올바른 방법이라는 점은 이미 입증된 바 있다.

이러한 원리는 길잡이가 되기는 하지만, 추상적인 형태로는 그다지 중요하지 않다. 따라서 이를 통해 구체적이고도 다양한 사례를 제시하려면 교육 이론에서 실무로 건너뛰어야 할 것이다.

개념에서 실용으로

페스탈로치의 견해는 전성기 이후에 강세를 띄는데, 견해의 핵심은 교육이 요람에서 시작해야 마땅하다는 것이었다. 눈을 크게 뜨고 주변 물체를 응시하는 아이를 유심히 살펴본 사람이라면 의도하든 하지 않든 교육이 조기에 시작된다는 점을 알 것이다. 또한 아이가 뭐든 손가락으로 가리키거나 입으로 빨고, 어떤 소리라도 입을 벌리고 듣는 습성이 도화선이 되어 미지의 행성을 발견하고, 연산 기계를 발명하고, 걸작을 완성하고, 심포니와 오페라를 작곡하는 결실로 이어지리라는 점을 잘 알 것이다. 이처럼 신체적·정신적 능력이 애당초 자율적이고도 필연적인 것이라면, 능력이 스스로 훈련할 수 있도록 다양한 물체를 제공해야 하는 것이 문제일진대, 그에 대해서는 긍정적으로 답변하면 그만이라고 보는 경향이 있다. 하지만 앞서 언급했듯이, 페스탈로치의 이론은 실제와는 사뭇 다르다. 예컨대, 그는 철자 교육에 대해 다음과 같이 주장했다.

"따라서 글자책은 해당 언어의 음운을 모두 담아야 하고, 가정에서 가장 이른 나이에 가르쳐야 한다. 글자책을 배우는 아동이 한 글자를 제대로 발음하기 전부터 요람에 있는 아기에게 음운을 반복해야 한다. 그러면 음운은 지속적인 반복 학습으로 아기의 머릿속에 깊이 각인될 것이다."

육아법에 관한 첫 강의로서, 신체의 각 명칭과 위치, 연결 관계, 숫자 등을 다룬 《엄마 매뉴얼》에 기록된 바와 같이 초기 두뇌 발달에 대한 페스탈로치의 주장은 사리에 합당하다는 평가를 내놓기 어려울 정도로 개념이 흐릿했다. 그러면 심리 작용에 의한 과정을 꼼꼼히 살펴보자.

두뇌에 최초로 새겨지는 인상은 분석이 불가능한 감각, 이를테면 저항과 빛과 소리 등을 통한 것이다. 무언가를 명백히 분석할 수 있는 의식 상태는 이를 구성하는 의식 상태가 있기 전에는 존재할 수가 없다. 즉, 농담이 어우러진 빛과 질감 혹은 강도가 다른 저항에 익숙해지기 전에는 형상의 개념이 있을 수 없다는 것이다. 알다시피 인간은 다양한 빛을 통해 가시적인 형상을 감지하고, 저항이라는 수단을 통해 손에 잡히는 형상을 감지한다. 아울러 알아들을 수 있는 소리는 그러지 못한 소리가 습득된 후에야 인지할 수 있고, 다른 경우도 비슷하다. 따라서 단순한 데서 복잡한 데로 인지가 발달하기 때문에 아이에게 저항의 정도와 종류가 다양한 물체를 쥐여 주고, 서로 다른 빛깔의 물체를 보여 주고, 음색과 높낮이가 대조되는 소리를 충분히 들려주어야 할 것이다. 이 같은 '선험적' 결론은 젖먹이의 본능을 보면 확연히 드러난다. 장난감을 물고, 동생의 재킷 단추를 손으로 만지작거리고, 아빠의 수염을 잡아당길 때 아기가 쾌감을 느낀다는 점에서 그렇다는 이야기다. 형형색색 화려한 색을 입힌 물체는 아기가 넋을 잃고 뚫어져라 볼 터인데, 혹시라도 녀석이 말을 할 줄 안다면 색깔이 밝다는 이유로 "예쁘다"는 찬사를 보낼 것이다. 아기는 유모의 수다뿐 아니라, 손가락을 꺾는 소리, 전에 들어본 적 없는 소리에도 커다란 미소를 짓는다. 육아법이 이러한 조기교육의 조건을 충분히 만족시킨다는 점은 매우 고무적인 일이지만 아직 갈 길이 멀다. 활동량이 가장 왕성한 시기를 거치는 동안, 즉 자율적으로 발달하는 시기에 유아의 신체적 · 정신적 능력은 여느 때보다 인상을 훨씬 더 생생하게 수용할 수 있다. 가장 단순한 인상은 언젠가는 습득할 테고, 언제 습득하든 시간이 걸리게 마련이므로, 아동기의 첫 단계는 변화무쌍한 대상에 익숙해지며, 그 외의 다른 지적 활동이 불가능한 시기를 경제적으로 마치는 것이 중요한 변수일 것이다. 또한 아이라면 성격과 건강에 대한 인상을 악착같이 받아들이는데, 이러한 과정을 통해 만족감을 얻으면서 성격과 건강이 함양될 것이다. 뇌리의 공간은 남을 수도, 가장 단순한 인상을 좀 더 체계적으로 만끽하는 데 필요한 암시로 채워질 수도 있다. 그러려면 신체적·정신적 능력이 각각 발달할 때 뚜렷이 대조되는 인상을 먼저 구분해야 할 것이다. 이를테면 크기와 높이가 뚜렷이 차이 나는 소리나, 서로 동떨어진 색깔, 강도나 질감이 크게 다른 물질부터 접해야 하며 인상의 종류가 비교적 흡사할수록 발달은 느려질 것이 뻔하다.

그럼 이번에는 실물교육을 살펴볼 차례다. 먼저 실물교육은 오감 발달의 연장선으로서 유아기뿐 아니라 성인기와 문명 발달 과정에서의 자연적인 방법과는 일치하지 않는다는 점을 일러두겠다. 마르셀은 "아기에게 물체의 각 부분이 어떻게 연결되었는지를 보여 주어야 한다"고 주장했다. 이러한 실물교육을 다룬 여러 매뉴얼에는 각 대상에 대해 '들려주어야 할' 지식 목록이 담겨 있다. 아이가 말을 트기 전에 습득하는 사물의 지식이 모두 스스로 깨우친 거라는 사실은 아이의 일상을 대충 훑어보기만 해도 알 수 있을 것이다. 즉, 외양에서 연상되는 강도 및 무게, 사람에게서 보이는 모양과 색깔, 특정 동물이 내는 독특한 소리는 아이가 몸소 관찰한 현상이다. 성인이 되어 주변에 교사가 없어도 일상의 길잡이가 되는 관찰과 추리는 누구의 도움

없이 이루어지며, 인생의 성공은 관찰과 추리의 정확도와 완성도에 좌우될 것이다. 그렇다면 아동과 성인이 인간의 발달 과정을 똑같이 반복하므로 유아기에서 성인기로 접어들 때에 역전된 과정을 따라야 한다는 것일까? 물체의 특성을 배우는 아주 단순한 작업에도 그렇다는 말일까? 그와는 반대로 한 가지 방법을 내내 고집해야 한다는 것은 아닐까? 자연이 이러한 방법을 인간에게 번번이 강요하고 있는 것은 아닐까? 이를 볼 수 있는 안목과 겸허히 수긍할 자세가 우리에게 있다한들 말이다. 아이가 지적 공감을 몹시 바란다는 점 외에 더 확실한 사실이 어디 있겠는가? 무릎에 앉아 있는 아기가 시선을 돌리기 위해 손에 쥔 장난감으로 당신의 얼굴을 찌르는 행동을 유심히 보라. 젖은 손가락으로 테이블을 긁으며 '끼익' 소리를 내곤 고개를 돌려 당신을 보는 아기를 살펴보라. 아이는 연신 이를 반복하며 "처음 듣는 소린데 한번 들어 보세요"라고 가급적 또박또박 말할 것이다. 머리 큰 아이는 방에 들어와 "엄마, 이거 엄청 신기해요!"라며 소리를 질러대지 않던가? "엄마, 이것 좀 봐요!", "저것 좀 봐요, 엄마!"라면서 같은 행동을 되풀이할라치면 어리석은 엄마도 귀찮게 굴지 말라고 아이를 타박하지 않았다. 꼬맹이가 유모와 바깥 구경을 나오면 꽃을 손수 따와서 가져와 그것이 얼마나 예쁜지 유모에게 보여 준다. 유모도 동감한다는 말을 유도하는 것이다. 눈에 들어온 신기한 대상을 묘사할 때 코흘리개가 얼마나 열심히 말을 쏟아내는지 들어 보라. 물론 아이는 이에 관심을 갖고 공감할 수 있는 사람이 곁에 있을 때 그럴 것이다. 교육과정을 이 같은 지적 본능에 맞춰야 하지 않을까? 자연적인 과정을 체계화해야 할 뿐 아니라, 아이가 대상에 대해 들려주는 말을 귀담아 듣고, 아기가 떠올리는 모든 것을 구체적으로 이야기하도록 유도하고, (같은 대상을 마주칠 때마다 스스로 이를 깨우치도록 하기 위해) 미처 발견하지 못한 사실에는 주의를 집중시키는가 하면, 철저한 검증을 위해 새로운 대상을 암시하거나 체감하도록 해야 하지 않을까 싶다. 이러한 방안에 육아법의 토대를 둔 현명한 엄마가 아이를 어떻게 가르치는지 주목해 보라. 엄마는 아이가 물체의 단순한 특성, 강도, 연성, 색상, 맛, 그리고 크기 등을 차근차근 익히도록 하는데, 이를 위해 색이 빨간 것을 가져오거나 딱딱한 물건을 손에 쥐여 달라 하고 나서 각각의 특성을 될 수 있는 한 빨리 일러 준다. 추가해야 할 특성은, 아이가 가져온 새로운 대상에 주의를 기울이게 하고, 이미 알고 있는 대상과 연결하여 설명하는 것이다. 그러면 아이는 선천적으로 모방하려는 성향이 있으므로 새로운 특성을 습관적으로 반복하게 될 것이다. 아이가 익숙해진 성질의 이름을 하나둘씩 빠뜨리는 경우, 엄마는 손에 쥔 적 있는 대상에 대해 이야기해 줄 것이 더 없는지 물을 것이다. 이때 아이는 엄마의 말뜻을 이해하지 못할 수도 있다. 그러면 엄마는 알아듣지 못했다는 뜻으로 살짝 웃어줄 것이다. 이 같은 경우가 반복되면 아이는 자신이 어떻게 처신해야 할지 깨닫게 된다. 자신이 들려준 것보다 엄마가 뭔가를 더 안다고 생각되면, 아이는 자존심이 발동하여 대상에 더욱 면밀히 집중한다. 그간 들어온 지식을 모두 떠올리며 대상이 단순하면 이를 금세 맞출 것이다. 아이가 성취감에 기뻐할 때 엄마는 잘했다며 맞장구를 쳐주면 된다. 아이라면 누구나 제힘으로 뭔가를 발견할 때 희열을 느끼게 마련이다. 성취감을 좀 더 맛볼 요량으로 아이는 엄마에게 들려줄 지식을 계속 탐구하고, 엄마는 아이의 역량에 따라 목록에 대상의 특성을 차근차근 늘려갈 것이다. 이를테면 단단하고 부드러운 성질에서 거칠고 매끈한 성질이나, 색상에서 광택으로 혹은 단순 구조에서 복합 구조로 말이다. 지각이 발달할 때, 대상을 지속적으로 복잡하게 설정하면 집중력과 기억력이 크게 향상된다. 또한 새로운 인상을 보여 주고 그것을 쥐여 주면 흥미도 잃지 않으며, 소소한 문제를 해결했다는 성취감도 덤으로 얻을 것이다. 엄마는 자율적인 과정에서 순응하고, 즉 자기 발달self-evolution을 도왔을 뿐, 아동의 본능적 행동이 자기 발달을 촉진시킨 것이다. 엄마가 추진한 교육과정은 관찰하는 습관을 기를 수 있는 최선의 대안이며, 실물교육의 목적이기도 하다. 아이에게 뭔가를 일일이 들려주고 보여 주는 것은 관찰하는 요령을 일러 주는 것이 아니라, 타인이 관찰한 지식을 단지 수용만 하는 사람으로 만들고, 자기교육[9]의 효과를 약화시키는 작태에 불과하다. 또한 성취감에서 비롯되는 쾌감을 빼앗고, 매력적인 지식을 정형화된 수업으로 주입하는가 하면, 실물교육을 두고 흔히 느끼는 무관심과 혐오증을 조장하기도 한다. 반면, 앞서 언급한 과정을 장려한다는 것은 지성인에게 바른 먹거리를 안내하는 길잡이가 되고, 자연스레 공감을 얻어 내려는 소욕과 자부심 등을 심어 준다. 그리고 이들을 모두 통합함으로써 생생하고 온전한 인지력을 기대할 수 있도록 집중력을 쇄신할 뿐 아니라, 지각을 길들여 자기계발을 유도한다. 결국 지각은 자기계발에 순응하게 되어 있다.

실물교육은 현행 방식과는 사뭇 다르게 진행되어야 하고, 범위도 확대돼야 하며, 연장된 기간 동안 지속되어야 마땅하다. 아울러 콘텐츠를 위한 장소도 주택에 국한되어서는 안 되며, 들과 산, 채석장 및 해안도 포함되어야 할 것이다. 대상 기간은 유아기에 그치지 말고, 자연주의자와 과학자의 연구의 말마따나 청년기에도 지속되어야 한다. 재차 말하지만, 현재 우리는 자연의 안내를 외면하고 있다. 신기한 꽃을 꺾고, 곤충을 관찰하고, 조약돌과 조개를 모으는 아이가 느끼는 쾌감보다 더 큰 희열이 어디 있겠는가? 또한 공감대를 형성하면 아이가 물체의 특성과 구조를 탐구하게 된다는 사실을 아는 사람은 몇이나 될까? 자녀를

---

9) 학습자가 스스로를 교육한다는 마음가짐으로 배움을 추구하는 일. - 편집자주

데리고 숲이나 오솔길을 찾은 식물학자는 아이가 연구에 동참하고 싶어 한다는 의지를 누구보다 잘 알 것이다. 아직 코흘리개지만 스스로 연구 대상을 찾아 나서고, 아빠나 엄마가 관찰하는 식물을 지켜보는가 하면, 때로는 오만 가지 질문을 던져 부모가 혀를 내두르는 경우도 비일비재하니 말이다. '자연을 섬기고 해석한' 베이컨의 후예라면 여기에 암시된 교육과정을 겸허히 받아들여야 한다는 우리의 주장에 동감할 것이다. 무기질 같은 단순한 특성을 섭렵한 아이라면 같은 과정의 일환으로 일상에서 만나는 대상을 면밀히 관찰하는 단계, 즉 식물의 색상, 개체 수와 꽃잎의 형태, 줄기, 잎사귀 모양을 비롯하여 곤충의 날개, 다리와 더듬이 숫자 및 색깔 등을 파악하는 단계로 이행해야 한다. 이를 충분히 습득하고 관찰했다면 추가 지식을 도입해도 좋을 것이다. 예컨대 식물의 경우에는 암술과 수술의 숫자와 꽃의 생김새, 어긋나기와 마주나기(각 줄기 마디에 한 장의 잎이 달리면 어긋나기, 두 장이 달리면 마주나기) 여부, 줄기와 털의 유무, 모양새(톱니나 가시 혹은 무딘 톱날)를, 곤충의 경우라면 몸통의 구분과 배의 줄무늬, 날개의 맥과 다리 관절의 숫자, 좀 더 작은 기관의 모양 등을 살펴봄직하다. 이때 아이는 언어로 표현할 수 있는 지식은 모두 입에서 쏟아내고 싶어 할 것이다. 적당한 나이가 되면 식물을 보존할 뿐 아니라 나비의 유충과 변태한 나방을 보호하는 데 필요한 장치도 제작할 것이다. 이는 개인적으로도 검증된 바와 같이, 최고의 만족감을 주므로 수년간 명맥이 이어지고 있다. 여기에 곤충 수집이 추가된다면 토요일 오후에 하는 산책이 지루하진 않을 듯싶다. 생리학 연구의 입문은 여기서 시작된다.

물론 그러려면 시간과 에너지를 쏟아부어야 한다는, 대다수의 반론도 이미 예상하고 있다. 혹자는 아이가 장부를 쓰고 환전표를 배우는 데 치중하는 편이 더 낫다고 역설할 것이다. 생업에 맞춰야 하니 말이다. 이처럼 교육을 둘러싼 미숙한 생각과 공리성이라는 편협한 여론이 만연해 있다는 점은 실로 안타까울 따름이다. 전 단락에서 살펴본 소견을 체계적으로 계발해야 할 필요성과 이를 뒷받침하는 과업의 가치에 대해서는 말을 아끼겠지만, 이러한 필요성과 가치는 우리가 습득한 지식 덕택에 언제든 변론할 수 있다. 사람이 단지 시민이나 장부만 뚫어져라 보는 상인으로 만족한다면, 예를 들어 그저 농원에 앉아 담배를 물고 맥주를 들이키는 즐거움밖에 모르는 런던 토박이나, 숲에서 사냥을 해야 제격이라 생각하고 자생하는 초목은 잡초에 불과하며 동물은 사냥감과 해충과 가축으로 치부하는 지주로 산다면 금고와 창고를 채우는 데 직접적인 보탬이 되지 않는 것을 전혀 배울 필요가 없을 것이다. 반면, 기계적인 일이 아니라 중요한 목표가 우리에게 있다면, 즉 소욕과 정욕을 채우는 것보다 좀 더 숭고한 욕구가 있거나 시, 미술, 과학, 그리고 철학이 주는 희열이 정말 중요하다면 자연을 관찰하고 탐구하려는 성향을 장려해야 할 것이다. 아이라면 누구나 그런 성향을 보인다. 하지만 지긋한 공리주의는 앞으로 어떤 세상이 될지, 그 안에 무엇을 담고 있는지조차 모른 채 세상에 들어와서는, 잠재적인 성향을 끊고도 스스로 쌍수를 들고 자신을 환영할지도 모른다. 생명의 법칙을 아는 것이 가장 중요하다는 점, 즉 생명의 법칙에는 신체와 정신이 모두 포함될 뿐 아니라, 넓게는 집과 거리에서 이루어지는 거래와 모든 상업과 정치와 도덕까지도 아우르므로 생명의 법칙을 충분히 섭렵하지 않으면 개인 및 사회 활동을 바르게 규제할 수 없다는 점은 차차 밝혀질 것이다. 또한 생명의 법칙은 언제나 필연적으로 동일하며, 나아가 단순한 개념을 연구하지 않으면 복잡한 개념은 충분히 이해할 수 없다는 점도 결국에는 알려지게 마련이다. 그러고 나면 아이가 현장에서 지식을 배우도록 돕고, 유년기 동안 그 과정을 장려하는 것이 아이 스스로 장래를 위한 원재료(바른 길잡이가 될 과학 지식을 두고 하는 말이다)를 비축하는 데 길잡이 역할을 한다는 점을 깨닫게 될 것이다.

그림을 교육의 기초로 인정한다는 것은 지각 계발에 대해 보다 합리적인 견해가 확산되고 있다는 증거이다. 자연이 수년간 주목하라고 강조해 온 과정을 마침내 교사가 도입했다는 점이 주목해 봄직하다. 아이들이 누가 강요하지 않아도 주변에서 흔히 볼 수 있는 사람, 집, 나무, 동물을 그린다는 것은 누구나 다 아는 사실이다. (형편이 되면 종이에 연필로 그리겠지만 하다못해 석판도 마다하진 않을 것이다.) 그림책을 보여 주는 것도 감지덕지겠지만, 아이에게는 모방하려는 심리가 있어 스스로 그림책을 만들어 보겠다는 욕구가 머리를 들게 마련이다. 뭔가 색다르다 싶은 대상을 묘사하려고 애쓰는 것은 본능적인 인지력 훈련으로, 관찰력의 정확도와 완성도를 높이는 촉매가 된다. 또한 오감으로 느낄 수 있는 대상의 특성을 발견하고 이를 묘사함으로써 아이는 자신에게 가장 필요한 교육을 호소하고 있는 셈이다.

그림을 정규교육과정으로 인정하고 그에 걸맞은 미술 교육 방식을 채택할 때 자연이 귀띔해 준 조언에 순응했더라면 과거보다 훨씬 더 큰 성과를 거두었을 것이다. 종이와 연필을 쥐여 주면 아이는 무엇부터 그리는가? 큼지막하고 화려한 색깔을 가진 둥근 도구로 즐거움을 연상시키는 무언가가 한데 어우러진 대상, 이를테면 수많은 감정을 가진 사람을 비롯하여 관심 가는 소와 개, 시야에서 멀어질 날이 없을 뿐 아니라 규모가 크고 방이 서로 대조를 이루는 집 등을 그릴 것이다. 그렇다면 그림을 그릴 때 아이가 가장 즐거워하는 과정은 무엇일까? 바로 채색이다. 종이와 연필은 물감이 없을 때도 좋지만, 그에 비하면 물감과 붓은 보화에 가깝다. 윤곽 그림은 채색에 밀려나게 마련이다. 윤곽은 어디까지나 채색을 위해 그리는 것이기 때문이다. 그런데 그림책에 색깔을 입혀도 좋다고 허락한다면 기분이 얼마나 째지겠는가! 선을 따라 그리는 지루한 원칙을 위해 채색을 미뤄야 한다는 미술 교사에게는 얼토당토않은 소리겠지만, 우리는 그런 교육과정이 옳다고 자부한다. 앞서 언급한 바와 같이, 색깔로 형태를 구성한다는 우선순위에는 심리적 근거가 있으므로, 채색에 대한 아이의 강한 성향을 처음부터 일깨워 주어야 할 것이다. 물론 아이가 모방하는 대상은 실물이어야 한다. 채색을 통한 즐거움은 아이에게서 훨씬 두드러지게 나타나지만 평생 지속되므로, 비교적 난해하고 흥미가 떨어지는 형태를 습득하기 위한 자연적인 자극제로서 채색을 지속적으로 활용하고, 형태를 습득한 보상으로 채색의 즐거움을 만끽하게 하라. 이처럼 관심이 가는 실물을 표현하려는 본능을 끊임없이 장려해야 한다. 크기가 작고 자주 쓰이는 대상에 일단 관심이 가면 아이는 그것도 종이에 담으려 할 것이고, 이를 모방하다 보면 그림이 점차 실물에 가까워질 것이다. 모양새가 엉망이고, 색깔이 실물과 맞지 않고, 채색이 서툴더라도 장려해야 한다. 핵심은 아이가 훌륭한 작품을 그려 내는 것이 아니라, 신체적·정신적 능력을 배양하는 데 있다. 손가락을 제어하는 힘을 기르고 나면 닮은꼴이라는 개념을 조금이나마 의식하게 되는데, 이를 위해서 채색만한 실습도 없다. 제 스스로 할 수 있고, 재미도 있으니까. 어릴 때에는 정형화된 미술 수업이 불가능하니, 자기교육은 시도조차 자제해야 할까? 아니면, 처리 능력과 인지력을 정상적으로 훈련할 수 있도록 지도해야 한다는 것인가? 아이에게 목판이나 등고선지도를 건네주면 색깔을 입히는 능력을 계발할 뿐 아니라, 대상의 윤곽과 국가, 그리고 붓을 쓰는 감각에도 친숙해질 수 있다. 또한 이채로운 색깔의 물건을 보여 주면 다소 서툴지만 대상을 표현해 내려는 본능이 증진되고, 그리기가 흔한 일상이 되면 전에 없던 재능도 발현될 것이다. 그러면 시간도 절약되고 교사와 학생 간의 갈등도 줄어들게 마련이다.

요컨대, 우리는 기존의 그림을 따라 그리는 관행과 직선과 곡선 등을 그리는 정형화된 교육을 철저히 배격한다. 최근 미술학회가 《미술교육의 기초Rudimentary Art-Instruction》에서 매뉴얼을 통해 초급 그리기책의 윤곽을 발표한 것은 매우 유감스런 일이다. 우리가 살펴본 원칙 중 가장 심각하기 때문인데, 예시로 조소를 전공한 존 벨John Bell의 글[개론과 각론(Outline from Outline, or from the Flat)]을 인용할까 한다. 서문에서 그는 "학생에게 단순하지만 논리적인 교육 방식을 제공해야 한다"고 제안했다. 그러고는 아래와 같이 몇 가지 정의를 내렸다.

그리기에서 선은 한 점에서 다른 점을 이은 작은 점들을 일컫는다.
선은 그리기의 특성상 두 가지로 구분된다.
1. 직선은 A, B처럼 두 점의 최단거리를 이은 점을 가리킨다.
2. 곡선은 C, D처럼 두 점의 최단거리를 잇지 않은 점을 가리킨다.

그러고 나면 수평선, 수직선, 사선, 각을 이룬 선, 그리고 선과 각이 만든 다양한 도형 설명으로 이어진다. 간략히 말해, 존 벨의 저작은 연습이 딸린, 도형의 문법이 아닐까 싶다. 즉, 원소의 건식분석[10] 체계가 그리기 수업에서도 재현될 판이다(언어교육도 예외는 아니었다). 추상적 대상은 구체적 대상의 서막이고, 과학적 개념은 경험을 앞선다는 주장과 반대된다는 점은 두말할 필요가 없다. 언어의 네 영역과 기능을 훈련함으로써 말문을 틔우려는 관습은 실제로 걷기에 앞서, 다리의 뼈와 근육과 신경을 자세히 가르쳐 주는 격이고, 물체를 그리는 법을 가르친답시고 선의 정의와 학명을 밝히는 것과 같다. 이러한 것들은 혐오감을 일으킬 뿐 아니라 필요하지도 않다. 그런 탓에 공부가 싫어지는 것이다. 원래 교육은 실습 과정에서 무의식적으로 습득하는 것이다. 아이가 사전을 들춰 보지 않고도 주변에서 들리는 대화로 우연히 어휘의 뜻을 파악하듯, 과학적 용어 역시 물체와 그림 혹은 직접 그린 그림에 대한 이야기를 통해 힘들이지 않고 되레 즐겁게 익힐 수 있다. 물론 처음 볼 때는 신비롭고 따분하겠지만.

앞서 규정한 교육의 원리를 충실히 따르려면 그리기 학습 과정에서의 격려와 아이의 노력이 끊임없이 이어져야 한다. 자율

---

10) 용액 시약 등 용액에서 일어나는 화학 반응을 거의 이용하지 않고 그 물질의 성분을 밝히는 분석 방법. – 편집자주

실습으로 손에 끈기가 붙고 비율에 대한 개념이 그럭저럭 형성되면 3차원 구도를 표현하는 형체의 개념이 막연하게나마 잡힐 것이다. 종이에 이를 그려 봤다가 실패하기를 반복하는 아이는 대상을 인지하는 감각이 좀 더 뚜렷해지고, 이를 표현하려는 욕구가 늘어나면 과학적인 도구로 구도를 일러 주는 첫 수업이 진행된다. 얼핏 보기에는 어려울 것 같지만, 웬만큼 지각이 있는 아이라면 이해하기 어려워하지 않고 따분해하지도 않을 것이다. 받침대를 끼운 유리판을 탁자에 수직으로 세워 두고 책이나 모양이 단순한 물체를 반대편에 둔다고 해보자. 시점은 그대로 유지한 채, 아이에게 물체의 모서리를 가리거나 그에 일치하도록 유리에 유성펜으로 점을 찍으라고 하자. 점을 연결하면 물체의 윤곽이 가려지거나 그에 일치한다는 사실을 일깨워 주는 것이 목적이다. 이때 종이를 유리 뒷면에 붙이면 아이는 자기가 그린 선이 아까 본 물체를 나타낸다는 사실을 깨달을 것이다. 물체의 윤곽과 점이 서로 닮아 있기도 하지만, 아이는 점이 물체와 비슷할 수밖에 없다는 점을 의식하게 마련이다. 점과 윤곽이 일치하기 때문이다. 종이를 제거하면 점이 물체의 윤곽선과 일치한다는 점을 확신할 수 있게 된다. 이는 신선하고도 충격적인 사실이면서, 한편으로는 길이가 다양한 선이 평면에서 어떤 방향으로 이어지면 선의 길이와 방향이 달라질 수 있다는, 경험적인 증거가 되기도 한다. 물체의 위치를 바꾸면 아이는 선이 짧아지다가 없어지고, 보이지 않던 선이 점차 길어지는 과정을 확인할 것이다. 평행선의 구도를 둘러싼 주요 지식은 이와 유사하게 학습될 수 있다. 자기계발에 적응했다면 종이에 눈대중으로만 윤곽을 그리다가 아무런 도움 없이도 유리에 똑같이 재현해 낼 날이 올 것이다. 그림을 기계적으로 따라 그리는 어리석은 학습은 버리고, 단순하면서도 관심이 가는 방법을 채택한다면 추상적이 아닌 합리적 사고력을 기르고, 대상을 나타내는 선에 익숙해질 뿐 아니라, 그리기 실력도 차근차근 늘어날 것이다. 게다가 무의식적으로 회화의 정설을 배우는가 하면, 과학적 구도가 가능한 나이가 되면 이미 구도의 근간을 이루는 지식을 통달할 수도 있다.

기하학의 주된 개념을 전달하는 합리적 방식은 와이스가 쓴 글에 가장 잘 녹아 있으니 이를 인용할까 한다.

＼ 아이는 산수를 공부할 때 으레 큐브를 활용하는데, 기하학을 공부할 때도 큐브를 이용하면 어떨까? 나라면 웬만한 통념과는 달리 입체로 시작할 것이다. 큐브는 추상적 개념인 점, 선, 그리고 면에 대한 어설픈 설명과 난해한 정의를 모두 해소해 준다. (중략) 큐브는 기하학의 수많은 요소를 표현해 낼 수 있다. 이를테면 점, 선, 평행선, 각, 평행사변형 등도 가능하다. 게다가 큐브는 여러 부분으로 쪼개지기도 한다. 아이들은 이미 숫

자를 세면서 그런 구분에 익숙해져 있으므로 앞으로는 각 부분을 비교해 가며 서로의 관계를 파악하게 될 것이다. (중략) 그러고 나면 곡선과 원에 대한 기초 개념을 학습할 수 있는 구체가 기다린다.

＼ 입체에 익숙해진 후에는 평면을 배운다. 입체에서 평면은 어렵지 않다. 육면체를 얇은 면으로 나누고 이를 종이에 놓아 보자. 아이는 쪼갠 만큼의 직사각형을 보게 될 터인데, 구체도 그런 방법으로 쪼개면 된다. 아이는 표면이 어떤 식으로 이루어지는지를 보며, 입체와 동일한 방법으로 평면을 추상할 수 있을 것이다.

＼ 기하학을 읽어 내는 능력과 기초는 그렇게 습득하며, 그다음 단계는 이를 쓰는 것이다.

＼ 가장 간단하여 1순위를 차지하는 쓰기 활동은 종이에 평면을 두고 주변에 연필을 놓는 것이다. 그렇게 자주 두다 보면 아이는 자연히 따라 그리게 되어 있다.

와이스가 권한 방식대로 기하학 개념을 습득하고 나면, 눈으로 그린 도형의 정확성을 검증하는 연습이 수순일 듯싶다. 도형을 정확히 표현해 내려는 욕구가 자극을 받고, 이를 충족시키는 데 따르는 어려움이 밝혀지는 시기가 바로 이때다. 기하학은 [기하(geometry)이라는 어구가 암시하듯][11] 장인을 비롯한 전문가가 건물의 기반이나 울타리로 둘러싸인 영역 등을 정확히 측정한 데서 기원을 찾을 수 있다. 즉각적인 활용 때문에 기하학의 명맥이 이어져 왔다는 점에는 의심의 여지가 없을 것이다. 따라서 기하학을 아이들에게 가르칠 때도 그와 유사한 관계를 도입해야 한다. 이를테면, 모형 집을 만들기 위해 종잇장을 잘라내고 채색할 장식의 밑그림을 그리는 등, 시간이 좀 걸리더라도 아이가 옛날의 건축가처럼 스스로 만들어 보는 편이 교육에 유리하다는 이야기다. 제3자의 도움을 받지 않고 자신만의 감각에 의존하며 목적을 달성하는 것이 얼마나 어려운지 체험해 볼 수 있다는 점에서도 그러하다. 이러한 교육을 받고 자란 아이는 컴퍼스를 사용할 나이가 되면 그것이 눈대중을 검증할 수 있는 도구로 손색없다는 점을 알지만, 그래도 근사치 추정법이 까다롭다는 게 걸림돌이 될 수 있다. 이 단계에서는 시간이 더 필요할지도 모른다. 단계를 높이기엔 너무 어리기도 하고, 체계적인 재능이 부족하다는 점을 자각하는 편이 바람직하기 때문이기도 하다. 지식 습득이 늘 재미있고, 인류의 계몽이 시작된 때와 같이 아동도 조기에

---

11) 기하학(geometry)이 지구, 토양 등의 뜻을 가진 접두사 'geo-'와 측정법을 뜻하는 접미사 '-metry'가 합쳐진 단어라는 것을 의미한다. – 편집자주

계몽이 이루어지는 과정에서 흥미를 느껴야 한다면, 과학은 미술의 도우미 역할을 할 때만 관심을 끌 것이다. 기하학의 예비 단계는 건설 과정에서 오랜 시간 공부하는 것이다. 자연도 이를 지적하고 있다는 사실은 현장에서 직접 확인해 보라. 예컨대, 아이는 무언가를 만들기 위해 시도 때도 없이 종이를 자르려는 성향이 강하다. 격려와 지도 편달을 바르게 해주면 아이는 과학적 개념을 체득하기 위한 길을 닦는다. 아이들에게는 대개 부족하지만 스스로 무언가를 다루는 능력을 계발하려고 한다.

관찰력과 창의력으로 필요한 역량을 함양하고 나면 경험적 기하학을 배울 차례다. 해결책을 증명하는 것이 아니라, 이를 다루는 기하학을 두고 하는 말이다. 교육이 다 그렇듯, 경험적 기하학 또한 정형화된 틀이 아니라 자연 발생적으로 이루어지되, 미술에 대한 관심은 그대로 유지해야 할 것이다. 판지로 사면체를 만드는 것은 아이의 호기심을 자극할 뿐 아니라, 교육의 편리한 출발점이 된다. 아이는 사면체를 만들 때 네 개의 정삼각형을 위치에 맞게 그려야 한다고 생각할 것이다. 하지만 마땅한 방법이 없어 정확히 그럴 수 없는 경우라면 삼각형을 위치에 맞게 그린다 해도 각 변이 서로 맞지 않을 테고 네 각도 꼭짓점에서 일치하지 않는다는 점을 알게 마련이다. 이때 두 개의 원을 그려서 눈대중 없이 정확히 삼각형을 그리는 법을 배운다면 어떨까? 실패 후에 얻은 지식은 뇌리에 소중히 간직될 것이다. 첫 문제는 기하학 풀이 요령을 알아 둘 요량으로 도움을 받았다면 앞으로는 자신만의 창의력을 발휘하여 문제를 풀어야 한다. 선분을 둘로 나누고, 수직선을 세우고, 정사각형을 그리고, 각을 이등분하고, 한 선과 평행한 선을 긋고, 육각형을 그리는 문제는 인내력을 조금만 발휘해도 해결할 수 있다. 이보다 더욱 복잡한 문제를 접하게 되더라도 아이는 제3자의 도움을 받지 않고도 스스로 고민해 가며 그것을 해결하게 될 것이다. 물론 기성세대는 필자의 주장을 회의적으로 볼 게 빤하다. 그러나 소수도 아니고 특별한 경우도 아닌 일반적인 사실을 토대로 말하는 것이다. 예전에 기하학 문제를 푸는 데 마음이 꽂힌 학급을 본 적이 있다. 사내아이들은 도형 수업이 오기만을 학수고대했다. 지난달에는 수업이 끝난 후에도 여자아이 몇몇이 도형 문제를 푸는 데 몰입했다는 소식을 들었는데, 방학 때 풀어올 과제를 내달라고 떼를 쓴 아이도 있었다는 후문이다. 누가 시킨 것도 아닌데 말이다. 자기 발달의 실현 가능성과 커다란 장점을 제대로 보여 준 증거는 더 없을 듯싶다. 무미건조하고 강요로 배운 지식도 자연의 순리를 따른다면 재미와 유익이 극대화될 것이다. 유익이 극대화된다고 말한 까닭은 아이가 기하학 지식을 습득할 뿐 아니라, 지각을 통째로 바꿀 수도 있기 때문이다. 평범한 수업을 비롯하여 추상적 공식, 피로감을 증폭시키는 과제와 주입식 교육으로 머리가 마비된 아이들이 수동적 수업을 탈피하고 적극적으로 탐구하게 된 덕에 돌연 지각이 활성화되었다는 사실은 어제오늘의 이야기가 아니다. 몹쓸 교수법이 낙심을 부추겨 공감을 제지하고, 아이들이 첫 과제를 풀어내는 데 인내력을 소진하면서 기존 교육에 반감이 생겨났다. 아직 어리지만 무능하다며 주저하지 않고, 목표를 이룰 수 있다는 자신감을 느끼게 된 것이다. 아울러 스스로 문제를 풀어내고, 좌절감에서 벗어나 뭐든 정복할 수 있으리라는 용기가 생긴 아이는 다른 과목의 난제에도 도전하고 있다.

문제가 꼬리에 꼬리를 물기 때문에 다른 과목과 함께 수년을 연구해야 할 경험적 기하학에서는 서두에 해당되는 원리를 구체적으로 적용하는 것이 바람직하다. 정육면체와 8면체 및 다양한 형태의 각뿔과 각기둥을 섭렵하고 나면 더욱 복잡한 도형(12면체와 20면체)을 구성해야 하는데, 이를 위해서는 엄청난 창의력을 발휘해야 한다. 그러고 나면 다음 수순은 깎은 정육면체를 비롯하여 이면각, 입체각이 딸린 정육면체, 8면체, 변형된 각기둥 등, 결정으로도 접할 수 있는 기본 도형의 변형으로 자연스레 이어질 것이다. 이때 금속과 소금의 모양을 갖춘 다양한 형태를 모방하다 보면 광물학을 둘러싼 지식도 우연히 습득하게 된다. 장기간의 연습 후에는 합리적 기하학에서도 걸림돌은 없을 것이다. 형태와 수효의 관계를 고민하는 데 길들여져 있는 데다, 모종의 수단을 통해 이룬 결과의 필연성을 막연하게나마 인지하므로 학생들이 유클리드의 증명을 이미 익숙해진 문제의 누락된 부록 정도로 간주할 테니 말이다. 그들은 잘 훈련된 기량으로 향후 마주하게 될 문제를 무난하게 학습할 것이다. 게다가 자신만의 방법 중 일부가 참이었다는 사실을 알게 되는 재미도 쏠쏠하지 않을까 싶다. 아직 미숙한 사람에게는 지루한 일을 되레 즐기는 셈이니까 말이다. 한 가지 덧붙이자면, 학습자의 두뇌는 조만간 반성적 사고력(제 나름대로 증명하는 능력을 두고 하는 말이다)을 기르는 데 가장 적합한 조건에 이르게 될 것이다. 유클리드 기하학 시리즈에 덧붙인 정리도 얼마 후면 활용할 수 있을 테고, 이를 증명하는 과정에서는 지성적인 면뿐 아니라 도덕적으로도 자기계발이 이루어질 것이다.

하지만 이러한 주장을 계속 진행하려면 교육에 관한 논문을 써야 할 텐데, 학자들은 그럴 생각이 추호도 없다. 실물교육을 통해 조기교육과정에서 인지력을 증진시키는 훈련 계획의 가이드라인은 앞서 구체적으로 밝힌 원리를 개괄적으로 설명한 것에 불과하다. 깊이 살펴보면 다들 알겠지만, 아동의 인지력은 단순한 수준에서 복잡한 수준으로, 구체성에서 추상성으로, 경험에서 합리로 진행된다. 아울러 부수적인 조건은 교육이 축소된 계몽 활동을 반복하고, 될 수 있는 한 자기 발달적 과정을 모색하며, 흥미를 느낄 수 있어야 충족될 것이다. 여기에 열거한 조건을 모두 만족할 수 있는 모종의 방편이 존재한다면 조건을 확인하여 정말 그렇다는 점이 입증되게 마련이다. 덧붙이자면, 이러한 방편은 현대 교육의 특징을 반영한 결과이다. 즉, 교육은 일부 채택한 자연적인 방법뿐 아니라, 앞서 밝힌 원리를 따르는 동시에, 두뇌의 자율 활동을 촉진시키고 자연스레 발달에 보탬이 되는 식으로 자연의 순리를 완벽히 도입하고 있는 셈이다. 이러한 방편이야말로 명실상부한 것이라는 결론은 근거가 다분하다.

진화하는 교육

지금부터 몇 단락에서는 두 가지 원리(가장 중요한 것과 가장 주목받지 못한 것)를 다룰 참이다. 이를테면, 어린이는 성숙할 때까지 스스로 학습해야 한다는 원리와, 이러한 과정에서 일어나는 정신활동은 유쾌한 상태에서 이루어져야 한다는 원리를 두고 하는 말이다. 단순성에서 복잡성으로, 구체성에서 추상성으로 진행된다는 추상적 심리 작용의 필수 조건을 감안하여야 한다. 지식은 스스로, 즐겁게 터득해야 한다는 필수 조건은 심리 작용을 제대로 반영했는지 판단하는 시금석으로 삼아야 할 것이다. 첫 번째 원리가 정신발달의 '과학'을 풀이한 일반론이라면 후자는 정신발달을 촉진시키는 '미술'의 주요 규범에 해당된다. 현행 '커리큘럼'의 각 단계가 잘 조직되어 제3자의 지도를 받지 않아도(혹은 거의 받지 않아도) 학생이 스스로 이를 높일 수 있다면, 커리큘럼 단계는 신체적·정신적 발달단계에 부합한 것이고, 단계를 밟아 가는 과정에서 학습자가 희열을 느낀다면 그것은 인지력을 정상적으로 연습하기만 하면 된다는 증거이기 때문이다.

교육을 자기 발달의 과정으로 보면 수업의 순서를 바로잡을 수 있다는 것 외에도 몇 가지 장점이 있다. 우선, 인상이 생생하고 오랫동안 지속된다는 것이다. 일반적인 방법으로는 그럴 수 없다. 학습자가 스스로 알게 된 지식과 스스로 해결한 문제는 탐구를 통해 완전히 자신의 것이 된다. 두뇌의 예비 활동과 그에 필요한 집중력, 그리고 성취감에서 느끼는 희열은 정보를 각인시키는 데 도움이 된다. 교사에게서 배웠거나 교과서에서 읽은 정보로는 이를 흉내 낼 수도 없을 것이다. 설령 그러지 못하더라도, 지각이 긴장하면 해결책이 떠오를 가능성이 높아진다. 물론 단순한 반복으로는 어림도 없는 이야기다. 습득한 지식을 끊임없이 조직할 수 있어야 그런 교육이 가능하다는 점을 재차 강조하고 싶다. 정상적인 방법으로 함양한 지식과 추론은 또 다른 결론(문제를 해결하는 수단)의 전제가 된다. 어제의 문제를 풀이한 해결책이 오늘의 문제를 익히는 데 도움이 된다고나 할까. 따라서 지식은 일단 머릿속에 들어오면 개인의 능력이 되어 사고력에 보탬이 될 것이다(책이나 주입식 교육으로는 소용없다). 이번에는 지속적인 자기계발과 연관된 도덕 계발도 살펴보자. 난관을 극복하는 용기, 시행착오를 거친 집중력과 인내력은 장래의 중요한 특성이자 교육제도가 만든 특성이기도 하다. 우리가 증명해 낼 수 있는 방식으로 지도하는 것은 누구나 할 수 있는데다 어린이가 '구도' 라는, 비교적 복잡한 문제를 해결하는 길잡이가 되어 왔다. 여러 교사가 이러한 방향으로 궤도를 수정하고 있다는 점은 펠렌버그의 글("학습자의 독립적 활동은 교직자의 탈을 쓴 다수의 분주한 열성보다 훨씬 더 중요하다")에 잘 나타나 있다. 미국의 교육 행정가 호러스 만Horace Mann은 "안타깝게도 현행 교육은 '훈련'보다는 '말'이 너무 많다" 라고 지적하는 한편, 마르셀은 "학습자는 귀로 들은 지식보다 머리를 써서 밝혀낸 지식을 더 잘 알게 마련이다"라고 꼬집었다.

우리가 지향하는 자기계발 방안이 본질적으로 유쾌한 활동, 즉 외적 보상 때문이 아니라 본질이 건실해서 기쁨을 느끼는 활동의 산물이 되어야 한다는 점도 주요한 조건으로 꼽힌다. 이 조건을 만족시키면 정상적인 발달 과정의 걸림돌을 제거할 뿐 아니라, 중요한 장점도 확실히 살릴 수 있다. 금욕주의로 돌아가지 않을 거라면 소싯적의 유쾌한 기분을 유지하는 것 자체를 바람직한 목표로 삼아야 할 것이다. 굳이 목표를 따지지 않더라도 무관심이나 혐오감보다는 일단 기분이 좋아야 지적 활동에 유리하지 않겠는가? 마음이 꽂힌 상태에서 읽거나 듣거나 본 것이, 그렇지 않은 상태에서 그러한 것보다 더 잘 기억된다는 점은 누구나 다 아는 사실이다. 전자의 경우, 지각이 주어진 주제에 적극적으로 몰입하는 반면, 후자는 소극적으로 몰입하게 되는데, 이때 집중력은 딴생각이 들 때마다 계속 멀어질 것이다. 강하고 약한 인상은 이를 두고 하는 말이다. 학습자가 탐구에 전혀 흥미를 느끼지 못하는 이른바 지적 무관심은 결과에 대한 두려움과 불안감 때문에 문제를 더 키우기도 한다. 이를테면 두려움과 불안감이 집중력을 떨어뜨리기도 하고, 애당초 거부감이 드는 지식에 머리를 써야 하는 고통은 증폭된다는 것이다. 따라서 조건이 동일하다면, 어떤 지적 활동이든 능률은 만족감에 비례할 수밖에 없다.

아울러 도덕과 관련된 결과도 평소 수업에서 느끼는 즐거움이나 고통에 좌우된다는 점을 간과해서는 안 될 것이다. 예를 들어, 흥미로운 과목을 익혀 웃음꽃이 핀 사내아이와 공부에 흥미가 없는 데다 잦은 낙제, 차가운 눈총, 체벌 등으로 울상을 짓는 사내아이가 있다고 치자. 첫 번째 아이는 용기를 얻었을 것이고 두 번째 아이는 상처를 입었을 것이다. 지적 역량 계발이 가져다 줄 결과와 몸을 능가하는 머리의 힘을 느껴 본 사람이라면, 누구나 알다시피 전자의 경우에는 기질과 건강을 모두 함양할 수 있는 반면, 후자의 경우 장기간 흥미를 잃거나 소심해질 가능성이 있음을 알 것이다. 다른 조건이 같다는 전제하에 스승과 제자의 관계는 교육제도가 행복을 창출하느냐, 불행을 창출하느냐에 따라 친밀하거나 유력해질 수도, 적대적이거나 무력해질 수도 있다. 인간은 본디 인상에 휘둘리기 쉬운 존재다. 매일 남에게 상처를 주는 사람은 알게 모르게 적을 만들고, 남의 마음을 힘들게 하는 사람은 미움을 사게 되어 있다. 하지만 아이를 물심양면으로 도와주고, 탐구의 쾌감을 맛보게 하고, 성과에 맞장구를 쳐주고, 어려운 문제를 해결하는 데 힘이 되어 주는 사람은 좋아하지 않을 수 없다. 그런 행동이 변치 않는다면 환심을 살 수밖에 없다. 혐오감이나 무관심으로 일관된 스승과는 달리, 친구처럼 편안한 스승에게 배우는 것이 능률도 높고 기분도 좋아진다는 점을 감안해 볼 때, 행복을 추구하는 교육을 통해 얻을 수 있는 직접적, 간접적 장점에 큰 차이가 없다는 점을 알 수 있다. 여기서 주장하는 '교육 체제를 구현해 낼 가능성'에 의문을 제기하는 사람이 있다면 앞서 밝힌 바와 같이, 이론도 이를 지적했고 실제 경험도 이를 높이 평가해 왔다고 귀띔해 줄 것이다. 페스탈로치 이후, 그 사실을 검증해 온 위대한 스승의 증언에 제임스 필란스 James Pillans 교수의 지론도 덧붙여야 할 듯싶다. 그는 "어린이가 바람직한 방법대로 배우면 놀 때와 마찬가지로 수업 때도 즐거움을 만끽할 수 있고, 지적 에너지를 바른 방향으로 발산하면 체력을 쏟을 때 못지않게 쾌감을 느낄 수 있다"고 주장했다.

교육을 자기교육과정으로 만들고, 유쾌한 교육과정을 지향해야 하는 이유가 한 가지 더 있다. 학교를 졸업해도 교육을 그치지 않을 가능성이 있기 때문이다. 학업이 늘 스트레스의 원인이 된다면 부모와 교사의 강요에서 벗어나기 훨씬 전부터 이를 그만두고 싶은 마음이 간절할 것이다. 하지만 학업이 즐겁다면 누가 감시하지 않아도 계속하고 싶지 않겠는가? 전에는 관리 하에 자기교육이 이루어졌지만 말이다. 당연한 결과다. 연상을 둘러싼 법칙이 참이라면, 즉 고통스런 기억을 연상시키는 장소와 대상은 거부하고 즐거운 추억을 떠오르게 하는 것에 대해서는 기분이 좋아진다면, 고통스런 수업은 지식에 혐오감을 더하고 유쾌한 수업은 지식의 매력을 더할 것이다. 어릴 적부터 수업이 따분했던 사람을 비롯하여, 체벌의 두려움에서 벗어난 적도, 스스로 탐구하는 습관을 기른 적도 없는 사람은 몇 해가 지나면 학업을 포기할 공산이 크다. 그러나 자연의 순리대로 적절한 시기에 학업을 쌓고 지식에서 재미를 느끼며 장기간 성취감을 만끽해 본 사람이라면 소싯적 시작한 자기교육을 훗날에도 이을 가능성이 높다.

Chapter 3

덕(德)
도덕적 교육에
관하여

MORAL
EDUCATION

교육제도의 병폐에 대하여

　현행 교육 프로그램 중, 가장 눈에 띄는 결함을 사람들이 전혀 눈치채지 못하고 있다는 것은 정말 기묘한 일이다. 내용과 형식 면에서는 교육제도가 개선되어 왔지만, 정작 가장 필요한 것은 아무도 의식하지 못하고 있다는 이야기다. 말하지 않아도 다들 알겠지만, 젊은이가 인생의 의무를 감당할 수 있도록 이를 준비시키는 것은 부모와 교사가 존재하는 목적이다. 배운 지식의 가치와 이를 가르치는 방법의 정수는 이 목적에 부합하느냐에 따라 결정되는 것으로 보인다. 현대 언어로 고전 교육을 실시한다는 게 적절한지 논란이 되는 이유도 바로 이 때문이다. 게다가 사고력뿐 아니라, 과학 지식을 늘려야 한다는 필요성도 대두되고 있다. 이처럼 우리는 자녀를 시민의 신분과 사회에 걸맞은 사람으로 기르는 데는 관심이 있지만, 그보다 훨씬 중요한 지위를 위해서는 전혀 관심을 기울이지 않고 있다. 부모의 지위를 두고 하는 말이다. 생계를 꾸리려면 준비가 필요하지만 자녀를 기르는 데는 그럴 필요가 없다고 자부하는 모양이다. 사내아이는 지식을 습득하는 데 수년을 보내고('신사교육'에 주된 가치를 둔다), 계집아이는 저녁파티에 걸맞도록 자신을 꾸미는 데 수년을 보내지만, 정작 가장 중요한 책임, 즉 가정을 세우고 가꾸는 일을 위해서 단 한 시간도 쓰는 법이 없다. 이 같은 책무가 현실과 동떨어져서 그럴까? 아니다. 십중팔구는 그에 의존하고 있지 않은가? 그럼 너무 쉬워서 그런가? 그렇지도 않다. 어른이 감당해야 할 본분 중에서 가장 어려운 것이 가정을 이루고 가꾸는 일이다. 자기교육이라면 부모라는 직분에 걸맞은 사람으로 만들어 주리라는 확신 때문인가? 아니다. 자기교육의 필요성을 의식하는 사람도 없거니와, 자기교육이라는 주제가 하도 복잡해서 성공할 가능성 또한 매우 희박하다. 그렇다고 해서 '교육의 기술'을 '커리큘럼'에서 빼달라는 청원은 제정신이라면 개진할 수 없을 것이다. 우리가 인정해야 할 점은 부모의 행복이나 자녀를 비롯한 먼 자손의 성품과 인생에 미치는 영향력을 떠나, 청소년의 지덕체 계발에 대한 바람직한 방법이 가장 중요하다는 것이다. 이는 남녀가 거쳐가는 교육과정에서 최우선순위이자 궁극적인 자리를 차지해야 마땅하다. 흔히 자손을 낳을 수 있는 때가 되면 몸이 성숙했다고 하듯, 자손을 가르칠 수 있을 때가 되면 머리가 성숙했다고 이야기한다. 모든 주제를 전부 포함하여, 인간의 교육이 완성해야 할 주제는 바로 교육의 이론과 실제다.

적절히 준비하지 않으면 자녀를 바르게 키울 수 없다. 특히 도덕교육은 심각한 수준으로 추락할 것이다. 부모는 이런 문제를 전혀 생각지 않는다. 그러니 결과가 중구난방일 수밖에 없다. 대개의 경우, 특히 엄마는 그때그때 내키는 대로 처신한다. 아이가 야무지게 클 수 있는 방법을 심사숙고하는 것이 아니라, 옳고 그름에 상관없이 시시때때로 달라지는 감정을 표현한 것일 뿐이다. 앞서 언급한 사회적 지위를 위한 규정에 다른 방법과 규칙이 추가된다손 치더라도, 이는 과거로부터 이어졌거나 어릴 적에 겪었거나 혹은 유모나 집사에게서 비롯된 것, 즉 깨달음에서 나온 묘안이 아니라 시대착오적인 방법이다. 리히터Richter[1]는 부모의 역할에 대한 관행과 통념이 혼란에 빠졌다는 점을 아래와 같이 지적했다.

종래에는 비밀에 부쳤던 아버지 학교의 수업이 공개되고, 도덕교육을 위한 수업 계획과 일기 자료가 정해진다면 다음 수업 과정과 대동소이할 것이다. 1교시에는 본인이나 가정교사가 순수도덕론pure morality을 아이에게 읽어 주고, 2교시에는 혼합도덕론mixed morality이나 자신이 유리하게 적용할 수 있는 도덕론

---

1) Johann Paul Friedrich Richter, 독일의 소설가 장 파울(Jean Paul)의 본명. - 편집자주

을 읽힐 것이다. 3교시에 "아빠는 그렇게 하는 거 안 보이니?"라고 물었다면 4교시에는 "넌 아직 어리잖니. 그건 어른만 할 수 있는 거야"라고 대꾸할 것이다. 그리고 5교시가 되면 "가장 중요한 목표는 출세해서 위대한 사람이 되는 것이란다"라고 가르치고, 6교시에는 "사람의 가치는 잠깐이 아니라 영원히 지속되는 거란다"라고 귀띔해 줄 것이다. 7교시에 "불의를 보더라도 참고 이웃에게 친절을 베풀어라"라고 주문했다면, 8교시에는 "누가 때리면 과감히 맞서야 한다"고 가르치고, 9교시에 "시끄럽게 떠들면 안 된단다"라고 타박했다면, 10교시에는 "가만히 앉아만 있어선 안 된다"라고 조언할 것이다. 11교시에 "부모님 말씀을 잘 들어라"라고 주문했다면, 12교시에는 "네가 알아서 하면 되지"라고 일러둘 것이다. 이처럼 아버지는 시시각각으로 소신을 달리함으로써 자신의 일방적이고도 부당한 주문을 감추고 있다. 한편, 어머니는 아버지와 같지도 않고, 양 겨드랑이에 종이뭉치를 끼고 무대에 나와 오른쪽 겨드랑이에 있는 '하라는 주문'과 왼쪽 겨드랑이에 있는 '하지 말라는 주문'을 처리하는 할리퀸harlequin[2]이라 하기도 어렵다. 그보다는 손이 100개 달린 거인 브리아레우스Briareus라야 더 어울릴 듯싶다.

이런 형국은 쉽게 바뀌지 않는다. 수세대가 지나야 개선될 가능성이 보일 것이다. 교육제도는 정치제도와 마찬가지로 만든

---

2) 서양 전통 연극에 나오는 어릿광대. 다이아몬드 무늬의 알록달록한 옷을 입는다. - 옮긴이주

다기보다는 발전한다고 해야 옳고, 발전을 감지할 수 없는 기간도 더러 있다. 발전이 아무리 찬찬히 이루어진들, 발전이 있다는 것은 곧 수단을 활용한다는 증거이며, 수단 중 하나가 바로 토론이다.

왜 도덕교육은 실패하는가?

나는 "아이는 태어날 때부터 선하다"는 파머스턴Palmerston 경의 주장에 동조하지 않는다. 오히려 (아주 동감하진 않지만) 그 반대가 사실에 가까운 것 같다. 물론 능숙한 교육법으로 이상적인 자녀를 만들 수 있을 거라는 무리와도 의견이 같지 않다. 관리를 잘 하면 자연적인 결함이 어느 정도 해소되겠지만, 이를 아주 제거할 수는 없다는 의견에 만족할 따름이다. 완벽한 교육제도로 이상적 인간성을 구현해 낼 수 있으리라는 생각은 셸리Percy Bysshe Shelley 의 시에 암시된 바와 유사하다. 셸리는 인류가 구습과 편견과 오류를 버리면 세상의 모든 악이 자취를 감출 거라고 노래했다. 그러나 인간사를 냉정하게 연구해 본 사람이라면 이를 인정하지 않을 것이다.

장밋빛 희망을 품은 사람의 심정을 몰라서가 아니다. 열정은 자칫 광신으로 빠질 수도 있지만 유용한 원동력이 되기도 한다. 어쩌면 없어서는 안 될지도 모를 일이다. 열렬한 정치인은 개혁이 필요하다고 생각지 않으면 굳이 팔을 걷어붙이거나 희생하려 들지 않는다. 음주(취기)가 사회악의 뿌리가 아니라면 술을 마시지 않는 사람이 술을 마시는 사람을 규탄하지 않는 것과 같은 이치다. 자선사업은 여느 분야와 같이 분업으로 장족의 발전을 이루었다. 자선 활동가도 분업의 기능을 지나치게 믿었을 공산이 크다. 따라서 지성이나 도덕을 가르치는 교육을 만병통치약이라고 간주하는 사람에 대해 말하자면, 저들의 지나친 기대감이 쓸모없다고 치부하기는 어려울 것이다. 오히려 그들의 신념은 바람직한 질서에도 보탬이 되므로 흔들려서는 안 된다고 본다.

그러나 도덕을 주관하는 제도가 아이를 바람직한 인간상으로 만들 수 있고, 부모도 이 제도를 머릿속에 주입할 수 있다고 해도, 장래의 목표를 달성하기는 어려울 듯싶다. 그런 제도를 시행하려면 성인의 자제력과 선의와 지성이 전제되어야 하는데, 누구도 그렇지 않다는 점을 우리는 망각하고 있다. 청소년 훈육을 논하는 사람은 잘못과 애로 사항을 죄다 아이의 탓으로 돌리고 어른에게는 아무런 문제가 없다고 단정하는 오류를 범하기 일쑤다. 잘되면 부모(지배자) 탓, 못되면 아이(피지배자) 탓이라고 하니,

가정을 다스리는 일이 국정과 대동소이한 실정이다. 교육 이론으로 판단하건대, 남녀는 가정 관계를 통해 변화를 겪게 마련이다. 세상 사람들은 자신이 불완전한 피조물이라는 사실을 잘 알고 있다. 실수도 잦고, 친구와 다투기도 하고, 파산이나 소송을 당하는가 하면 경찰의 취조를 당하는 경우도 있다. 즉, 이기적이고 정직하지 못한 데다 잔인한 성정을 자신에게 떠넘겨 왔다는 것이다. 그러나 육아 관리를 비판하고 청소년 비행을 논할라치면, 성인도 언제든 잘못을 저지를 수 있지만 도의적인 비행을 저지를 리 없다고 단정하기 십상이다. 그런 까닭에 나는 가정의 불화가 대개는 아이의 뒤틀린 성미에서 비롯된다고 하나, 실은 부모의 잘못이 화근임을 자신 있게 주장한다. 호의를 베풀고 자제력을 발휘할 줄 아는 사람이 아니라, 일반적인 대중을 두고 하는 말이다. 실제로 본 적도 있지만, 젖을 빨지 않는다는 이유로 이따금씩 아기를 심하게 흔드는 엄마에게서 무슨 도덕교육을 기대할 수 있겠는가? 손가락이 창문 틈에 끼어 아이가 울 때 달래주지는 못할망정 되레 폭력을 행사하는 아빠라면 그에게서 후한 인심과 정의를 얼마나 찾을 수 있을까? 그런 아버지가 있다는 사실을 목격자에게서 직접 들었다. 탈골된 다리를 끌고 어렵사리 집에 왔을 때 책망만 아이를 반기고 있었다면 교육의 미래가 어떨까? 절대 꾸며 낸 이야기가 아니다. 물론 약자를 뭉개고 해코지하는 식으로 잔혹한 성정을 보이는 극단적인 사례이긴 하다. 하지만 이는 많은 가정에서 나날이 볼 수 있는 감정과 행위의 전형이기도 하다. 몸을 가만히 놔두지 못한다는 이유로 (신체 장애가 원인일 수 있지만) 아이에게 손찌검을 하는 유모나 부모를 한 번쯤 본 적 있을 것이다. 넘어진 아이를 얼른 일으켜 세우며 "잘 보고 다녀야지! 멍청아!"라고 타박하는 엄마라면 자주 화를 내지 않던가? 아이는 앞으로도 계속 욕을 먹을 게 빤하다. 아빠가 자녀에게 조용히 하라며 윽박지른다면 공감 의식이 없다는 증거가 아니겠는가? 조용히 앉아 있으라는 말은 몸을 가만히 놔두지 못하는 아이라면 짜증을 들어야만 말을 듣게 만드는 것이고, 열차 밖을 보지 말라는 말은 지성이 발달한 아이라면 탐구할 기회를 박탈하는 것이니 이 역시 공감 의식이 매우 부족하다는 증거가 되지 않겠는가? 도덕교육의 애로 사항은 쌍방에게서 원인을 찾을 수 있다. 즉, 부모와 자식의 잘못이 결합된 데서 비롯되었을 것이다. 자연주의자뿐 아니라, 격언이나 항간에 떠도는 풍문이 인정한 바와 같이, 유전이 자연의 법칙이라면 대개의 경우 아이의 결함은 부모의 것을 반영한다고 볼 수 있다. 이것은 먼 조상의 유전까지 감안하면 결과가 매우 복잡해지기 때문에 특수한 경우가 아니라 일반적인 경우라고 지적한 것이다. 또한 일반적으로 결함이 유전된다면, 아이에게서 악한 심성을 발견했다는 것은 부모의 심성도 그러하다는 점을 암시한다. 대중의 눈에는 감춰지고, 다른 감정으로 모호해졌어도 심성은 여전히 존재하게 마련이다. 따라서 부모가 모범이 되지 않으면 훈육이 제대로 이뤄질 리 없다.

설령 바람직한 목표를 즉각 성취할 수 있는 교육법이 존재하고, 부모가 선견지명과 공감 의식과 자제력을 기른다손 치더라도, 가정의 훈육은 바로잡아 봐야 소용없다는 주장이 나올지도 모른다. 우리의 목표가 무엇인가? 어떤 교육이든 근접한 목표는 인생의 과업 준비(품행이 바르고 출세할 수 있는 시민을 기르는 것)가 아니겠는가? 출세(부자가 되는 것이 아니라 가정을 바로 세우기 위한 수단을 뜻한다)한 사람이 현 사회의 적임자fitness라는 의미일까? 교육제도로 이상적인 인간형이 만들 수 있다고 해도 그가 세상에서 적임자가 될지 누가 알겠는가? 지나치게 청렴하고 품행이 매우 방정하면 삶이 오히려 힘들어지지 않을까? 개인적으로는 찬사 받아 마땅하더라도, 사회와 자손은 되레 자멸하지 않을까? 국가든 가정이든 무언가를 다스린다는 것은 인간의 본성이 허용하는 수준과 같다는 주장도 근거가 다분하므로 무리는 아니라고 본다. 앞선 사례와 같이, 사람의 성품은 통제 수준에 따라 달라진다. 일반적으로 인성의 개선은 체제의 개선으로 이어지는데, 인성이 개선되지 않았는데 체제가 개선된다면 양속보다는 폐단이 뒤를 이을 거라는 추측도 가능하다. 부모와 교사의 혹독한 훈육은 아이가 세상에서 겪게 될 혹독한 환경에 대한 예비 과정이라는 주장도 무리는 아니다. 그러나 부모와 교사가 아이를 공정하게 대하고 아이와 공감대를 형성한다 해도, 혹독한 교육은 훗날 어른의 이기심이 아이들에게 가할 고통을 증폭시킬 것이다.[3]

"의미심장한 말이 아닐까?" 혹자는 이렇게 물을지도 모른다. "아이에게 도덕성을 길러줄 제도가 이상적인 아이를 만들어 낼 수 없고, 설령 만들 수 있다고 쳐도 부모가 이를 감당하기엔 부족한 점이 너무 많다면 어떨까? 아니, 부모가 그것을 감당할 수 있다고 해도 그 결과가 현 사회와 조화를 이루지 못한다면, 현행 제도의 개혁이 현실성도 없고 바람직하지도 않을 것 같다. 그렇지 않겠는가?"라고 말이다. 그렇지 않다. 가정의 개혁은 다른 개혁과 함께 진행되어야 한다. 교육 방식은 구분해 두지 않으면 개선될 리 없는 데다, 구분하지 않아서도 안 될 것이다. 도덕성은 인간 본성 탓에 종속 개념으로 간주될 수 있다. 즉, 아이, 부모, 사회 할 것 없이 모두가 완전하지 못하기 때문에 도덕성은 보편적 인격에 비례하여 실현된다는 이야기다.

---

3) 공립학교에서 아이가 겪는 혹독한 규율에 대해 몇몇 주민이 제기한 민원이다. 아이들은 온당치 못한 관행을 통해 현실세계에 적응할 수 있도록 훈련하는 축소판 세상에 입성했다는 이야기가 나돌고 있다. 영향력 있는 탄원이지만 그것만으로 충분하지 않다. 가정과 학교의 훈육은 성인의 것에 비해 더 나을 리 없지만, 이튼(Eton), 윈체스터(Winchester), 그리고 해로우(Harrow) 등에서 마주한 규율은 어른의 것보다 훨씬 더 심각했다(훨씬 불공정하고 잔인하며 혹독했다). 공립학교 교육문화는 인류의 발전에 보탬이 되기는커녕, 폭력으로 규제하는 독재정권이나 인간관계와 기존 사회보다 하등한 사회에 아이를 적응시키고 있는 실정이다. 이런 학교에서 육성된 사람이 입법부에 대거 포진되므로 혹독한 교육문화는 국가의 발전에 심각한 걸림돌이 되고 있다.

"어쨌든 가정교육의 이상적인 기준은 세워 봐야 소용없을 것 같다. 사전에 방안을 규정하고 권고한들 무슨 유익이 있겠는가?"라고 반문할 사람이 있을지도 모르겠다. 물론 우리는 그렇지 않다고 주장할 것이다. 정치와 마찬가지로, 순수한 도의가 현실과 동떨어진 것 같아도, 정의가 어디에 있는지는 알고 있어야 앞으로 시도할 개혁이 정의에서 멀어지지 않을 수 있다. 가정도 그렇다. 이상적인 도의를 인정해야 그리로 차츰차츰 나아갈 수 있을 것이다. 그런 이상을 추구하는 과정에서 일어날지 모를 부작용은 두려워하지 않아도 된다. 인류의 구조적 보수주의 성향은 항상 강하기 때문에 급격한 개혁이 쉽지 않다. 인류의 신념 수준이 한 단계 올라가기 전에는 개혁을 받아들이지 않을 만큼 보수주의는 대단했고, 명목과는 달리 실제로는 개혁을 인정하지 않은 경우도 허다했다. 사회에 인정받더라도 사회 합의를 막는 걸림돌은 사라질 기미가 통 보이지 않는다. 자선운동가와 철학자의 인내심보다 더 오래간다고나 할까. 정상적인 아동교육을 방해하는 걸림돌이 이를 실현하려는 노력마저 방해하기도 한다.

그러면 앞서 말한 설명과 아울러 도덕교육의 진정한 목적과 방법을 깊이 생각해 보자. 도덕교육이라고 명시한 까닭은 순수한 도덕교육을 뒷받침하는 종교교육 문제는 꺼내지 않기 위해서다. 종교교육은 따로 거론하는 편이 나을 것 같다. 몇 페이지는 개론을 확립하는 데 할애할 생각이다. 그러고 난 뒤에는 가정을 이끌 때 시시때때로 부딪치는 문제에 대해 부모가 어떻게 처신해야 할지 실례를 들어가며 옳은 대안을 밝힐 것이다.

반사작용으로서의 교육

아이가 넘어지거나 탁자에 머리를 부딪쳐 통증을 느끼면 그때마다 다음에는 좀 더 조심해야겠다는 마음을 갖게 되고, 같은 실수를 반복하다 보면 바른 행동의 가이드라인이 몸에 배게 마련이다. 예컨대 난로에 손을 대거나, 손가락을 촛불에 넣거나 혹은 뜨거운 물을 피부에 흘려 화상을 입는다면 쉽사리 잊을 수 없는 교훈이 될 것이다. 한두 번의 안전사고는 뇌리에 깊이 각인되어 이후에는 굳이 설득하지 않아도 '사고 불감증'에 걸리지 않는다.

이와 같이, 자연은 가장 단순한 방법으로 도덕교육의 진정한 이론과 실제를 상세히 밝히고 있다. (대충 봐도 그렇겠지만, 면밀히 살펴봐도 이론과 실제는 격차가 크게 벌어진다.)

첫째, 몸에 상처를 입거나 모종의 불이익을 당한 경우, 우리는 잘못과 그 결과를 가장 단순한 것으로 축소시키려는 성향이 있다. 사회적 통념상 '옳고 그름'은 신체적 결과가 따르는 행위에는 거의 적용되지 않지만, 이 문제를 염두에 둔 사람이라면 그런 행위도 여느 것과 같이, '옳고 그름'이라는 범주로 구분할 수 있음을 알게 될 것이다. 예컨대 즉각적인 결과와 훗날에 나타날 결과를 모두 따져 볼 때, 이로우면 좋은 행동이고 해로우면 나쁜 행동이라는 점에서 모든 도덕 이론은 서로 일치한다. 즉, 행복과 불행은 사람의 행동을 판단하는 '궁극적인' 준거가 된다는 것이다. 과음을 그릇된 것으로 간주하는 까닭은 몸도 망가질 뿐 아니라, 음주자와 그에 딸린 식구에게 벌어질지 모를 도덕적 폐해 때문이다. 절도가 범법자와 피해자에게 같은 만족을 준다면 굳이 절도를 범죄라는 범주에 묶지 않을 것이며, 자선 활동이 인간의 고통을 증폭시킨다면 누구라도 이를 비난할 것이다. '자선'이라는 어구가 달라질지도 모르겠다. 사회 현안을 다루는 주요 일간지를 읽거나 사람들이 나누는 대화를 듣다 보면, 의회와 정당과 자선단체의 활동을 판단하는 기준이 개인적 행동과 마찬가지로 만족을 늘리는지, 고통을 늘리는지를 통해 구분됨을 알 수 있다.

둘째, 신체적 잘못을 방지하는 체벌의 특성을 살펴보라. 체벌은 문자적 의미와는 다르지만, 더 적확한 어구가 없어 차용되고 있다. 체벌이란 인위적이고도 불필요한 고통을 가하는 것이 아니라, 신체의 행복에 근본적으로 위배되는 행동을 자비롭게 견책하는 것을 두고 하는 말이다. 견책이 없으면 상해로 몸이 금세 망가질지도 모른다. 이 같은 '벌칙'은 특성상 행동에 따른 '불가피한 결과'이자 아이의 행동에서 비롯된 '필연적 반응'에 불과하다. 벌칙에 따른 고통의 정도는 조직이 규정한 법에 위배된 정도에 비례하다는 점도 염두에 두자. 사소한 잘못은 미미한 고통을, 심각한 잘못은 비교적 큰 고통을 낳는다는 것이다. 예컨대, 아이가 문지방에 걸려 넘어졌을 때 필요 이상의 통증을 느끼지 않는다. 적당한 통증만으로도 걸음에 주의할 테니까. 아이는 일상생활을 통해서도 크고 작은 잘못에 대해 그에 걸맞은 벌칙을 배우므로 그때그때 처신하는 법을 학습하게 된다.

끝으로 잘못에 따르는 자연의 대응은 지속적이고, 직접 체감할 수 있는 데다 주저하는 법도 없다. 그리고 피할 수 없다는 점도 주목해야 한다. 자연은 위협하지 않는다. 다만 엄정하면서도 묵묵히 반응을 보일 뿐이다. 예컨대, 손가락이 핀에 찔리면 통증을 느낀다. 언제 찔리든 결과는 같다. 항상 그럴 것이다. 주변의 무생물계를 관찰하다 보면 빗나갈 틈도 없이 조밀하다는 것을 깨닫게 된다. 변명을 들어준다거나 핑계로 호소할 기회도 없다. 엄정하지만 유익한 규율을 빨리 깨닫는다면 이후에 잘못을 저지르지 않도록 조심할 것이다.

이러한 지식은 아이뿐 아니라 어른의 일생에도 두루 적용된다. 그래서 더욱 중요해 보인다. 남녀를 막론하고, 사람은 누구나 자연적 결과를 경험으로 습득하여, 이러한 지식을 통해 그릇된 행동에 대한 견책을 받는다. 가정교육이 종료된 후, 부모와 교사가 이런저런 행동을 규제하지 않을 때는 그와 유사한 규율이 적용되는데, 이때 젊은이는 '자기 지도self-guidance'라는 수업을 처음 접하게 된다. 사회 초년생이 시간을 허송하고, 자신이 맡은 의무에 대해 대충 얼버무리거나 제때 이행하지 않는다면 자연이 벌칙을 행사할 것이다. 이를테면, 직장에서 해고를 당하거나 상대적 빈곤으로 한동안 고통을 겪는 식으로 말이다. 시간을 지키지 않는 사람은 공과 사를 막론하고 약속을 깰 테니 결국에는 기회가 박탈되거나 불이익과 손해를 면치 못할 것이다. 수익을 크게 남기려는 탐욕스런 소매상은 고객을 잃어 견책을 당하고, 의료 활동에 게으른 의사는 환자의 병을 더 악화시키고, 너무 잘 속는 채권자와 지나치게 낙천적인 투기꾼은 경솔해서 당하는 문제를 반면교사로 삼아 좀 더 신중해야 할 필요성을 체득하게 될 것이다. 사람은 그렇게 평생 동안 배운다. "자라 보고 놀란 가슴, 솥뚜껑 보고 놀란다"라는 속담에서 우리는 아동에게 적용되는 자연적 규율과 사회적 규율 사이의 유사성이 보편적이라는 점뿐 아니라, 그러한 규율이 가장 능률적이라는 점을 발견할 수 있다. 이러한 사실은 암시에 그치기도 하지만, 그러지 않을 때도 더러 있다. 어리석거나 나쁜 습관을 버린 후, 값을 치른 경험이었다고 말하는 사람들을 한 번쯤 봐왔을 것이다. 돈을 헤프게 쓰거나 투기를 일삼는 사람을 겨냥한 독설 가운데에는 조언을 해봐야 소용없고, 고배를 마셔 봐야 정신 차린다는 말도 나오고 있다. 불가피한 결과를 당해 봐야 한다는 것이다. 자연적인 대응이 효과가 가장 크며, 인간이 고안해 낸 벌칙은 이를 대신할 수 없다는 증거가 더 필요하다면 현행 형벌제도가 실패한 사례를 추가로 제시하면 될 것이다. 수많은 교도 방법 중 사람들의 기대에 부응하는 것은 전혀 없다. 체벌은 계도로 이어지지 않을 뿐 아니라, 되레 범죄율을 높이는 경우가 허다하기 때문이다. 그나마 성공한 사립 소년원의 경우, 규율이 자연적 방식과 유사하다. 자연적 방식이란 투옥 등으로 사회 안전에 필요한 만큼 범법자의 자유를 제한하는 것을 말하는데, 자유가 제한되는 동안에는 처신이 달라진다. 어린이가 행동을 바로잡기 위해 배우는 규율은 성인의 것과 대동소이하며, 어느 정도 개선되어 왔다. 인간이 정한 규율은 신(자연)이 정한 규율에서 벗어나면 효과를 기대할 수 없으며, 그에 가까워야만 제 기능을 발휘하기 시작할 것이다.

체벌의 진짜 문제

그렇다면 도덕교육의 길잡이가 되는 원칙이 체벌에 있지 않을까? 체벌에 관한 제도가 유년기와 성인기에 유익하다면 청소년기에도 그렇다고 봐야 하지 않을까? 아이가 행동의 결과를 자주 체득케 하는 것이(이때 결과를 막거나 보태지 않고, 인위적 결과를 적용하지도 않는다) '자연의 집행자 겸 해석자'인 부모의 역할이 아닐까? 편견에 사로잡힌 독자라면 필자의 주장에 동감하기 어려울 것이다.

대부분의 부모가 그렇게 하고 있다고 주장할 사람도 많다. 즉, 부모의 체벌은 대다수의 경우, 잘못에 대한 결과라는 것이다. 분노, 폭행, 폭언은 아이가 잘못을 저지른 결과이며, 물리적으로든 정신적으로든 고통으로써 아이는 잘못에 대한 자연적 반응을 체험하게 된다는 식이다. 오류가 다분하지만 일리는 있다. 부모의 불쾌한 심기야말로 비행의 결과라는 데에는 이견이 없을 테니까. 불쾌한 감정을 표출하면 이는 견책이 되기도 한다. 또한 부모가 말썽쟁이 아이를 꾸짖거나 벌을 주는 것은 부모가 손을 쓴 결과라고 볼 수도 있고, 어떤 면에서는 말썽에 대한 자연적 대응으로 봄직도 하다. 상대적으로는 옳지 않은 육아법이라고 단정할 생각은 추호도 없다. 통제가 안 되는 부모에게서 자란 천방지축 아이라는 관계에서는 옳다는 이야기다. 그런 어른이 대중을 이룬 사회에서도 옳을 것이다. 앞서 주장한 바와 같이, 교육제도는 정치제도와 같이 인간의 본성이 허용하는 수준을 벗어나지 않는다. 상스러운 부모 밑에서 자란 상스러운 아이에게는 부모가 그랬듯 상스런 방법으로 자유를 제한해야 할지도 모른다. 악랄한 어른으로 구성된 사회에 적응시키려면 악랄한 방법이 제격일 수도 있다. 그러나 개화된 사회의 교양인이라면 불쾌감을 표출하더라도 폭력은 덜 쓰고 조곤조곤 해결할 방도를 찾을 것이다(그래도 성품이 훌륭한 아이에게는 강력한 법이다). 물론 부모가 자연적 반응의 원리에 따라 감정을 표출해 왔다는 점에는 이견이 없다. 즉, 가정을 주관하는 제도가 바른 쪽으로 가고 있다는 것이다.

하지만 두 가지 사실에 주목해 보자. 첫째, 급속도로 변모하는 세상에서 현행 교육법은 시대와 어울리지 않는다는 것이다(신구의 이론과 실제 사이에 기나긴 논쟁이 있었다). 대다수의 부모는 현행 교육법을 표방하는 세대에만 맞는 원칙을 존중하여 자녀의 감정을 상하게 하는 '부'자연스런 반응으로 자녀를 체벌하고 있다. 한편, 또 다른 부모는 이와 반대되는 방법을 사용하는데, 그러면 왠지 아이가 금방 성숙하리라는 기대감 때문에 그렇다. 둘째, 우리가 주장하는 규율이란 대개 아이의 행동에 대한 결과에서 나타난 부모의 감정보다는 부모가 개입하지 않는다는 전제하에 아이의 행동에서 자연스레 비롯된 결과를 경험하는 것을 가리킨다. 건전하고도 유익한 결과는 부모가 자연의 대리인 자격으로 벌을 주는 것이 아니라 자연이 스스로 그렇게 한 것에서 비롯되었다. 몇 가지 사례로 이 둘의 차이점을 분명히 밝혀 둘까 한다. 인위적인 것과는 대조되는 자연적 반응을 두고 하는 말이다.

어린아이를 둔 가정이라면 엄마나 집사가 '난장판'이라고 부르는 일이 거의 매일 벌어지기 일쑤다. 장난감을 꺼내 너저분하게 마루를 어지럽히거나 아침 산책길에 꺾은 꽃을 가져다가 테이블과 의자에 드문드문 뿌리기도 한다. 여자아이라면 인형 옷을 만들다가 쓰다 남은 재료로 방을 어지럽힐 것이다. 이 같은 '난장판 문제'는 제대로 해결되는 경우가 거의 없다. 어린이집에서는 보육교사가 말썽꾸러기 꼬맹이라며 타박할 테고, 지하실에서는 형이나 누나 혹은 가정부에게 꾸지람을 당할 것이다. 아이는 잔소리만 듣게 될 뿐이다. 반면, 정상적인 과정(아이가 쓰레기와 장난감을 스스로 제자리에 갖다 놓게 하는 것)을 일관성 있게 적용하는 현명한 부모도 적지 않다. 물건을 제자리에 두는 일이 방을 어지럽힌 잘못의 결과라는 이야기다. 상인이나 주부라면 매번 겪는 일이다. 교육이 인생의 대소사를 겪기 전에 거쳐야 할 예비 단계라면 애당초 아이들도 이를 겪어야 마땅할 것이다. 불량한 행동(과거의 도덕규범이 부패했던 곳에서는 정말 불량했을 수도 있다)에 대해 자연이 벌칙을 준다면 반항의 결과로 나타나는 이후의 반응을 일깨워 주는 것이 수순이다. 예컨대 방을 어지럽히고도 청소를 게을리한다거나, 하기 싫다고 칭얼댄다거나 혹은 이를 딴 사람에게 맡기려 한다면 문제를 일으킨 수단을 쓰지 못하게 해야 한다는 것이다. 장난감을 갖고 놀게 해달라며 떼를 쓰면 엄마가 받아칠 대사는 다음과 같다. "지난번에는 장난감을 치우지 않아서 제인이 대신 치웠잖니. 지금은 제인이 바빠서 네가 어지럽힌 걸 치워 줄 여유가 없단다. 그리고 나도 바쁘니까 제자리에 갖다 놓지 않을 거면 장난감은 안 줄 거야." 아이가 새겨들어야 할 자연적 결과의 전형이다(더하지도 덜하지도 않게 대사에 배어 있다). 벌칙은 아이가 가장 예민할 때 꺼내면 된다. 장난감이 간절한 아이는 (청소를 미루려는) 욕구를 참게 마련이다. 이때 아이의 뇌리에 각인되는 인상은 매우 강하기 때문에 품행에도 영향을 줄 것이다. 일관성 있게 반복하면 어떤 잘못이든 바로잡는 데 큰 보탬이 되는 영향력을 두고 하는 말이다. 아울러 만족은 수고라는 정당한 대가를 치러야 만끽할 수 있다는 교훈을 아이가 조기에 배운다는 점도 덧붙이고 싶다.

또 다른 예를 살펴보자. 얼마 전에는, 산책 준비에 늑장을 부려 꾸중을 들었다는 꼬마 아가씨가 화제였다. 콘스턴스는 뭐든 열심히 하는 아이인지라 무언가에 넋이 나가면 다른 아이들이 준비를 마칠 때까지도 산책을 생각지 않았다. 때문에 가정교사와 친구들은 거의 매일 기다려야 했고 엄마는 거의 매일 잔소리를 해야 했다. 교육 방식이 잘못된 탓에 엄마는 콘스턴스가 자연적 벌칙을 경험할 기회를 주지 않은 것이다. 이를 귀띔해 줘도 시도할 의향이 없었다. 늑장을 부린 데 대한 벌칙은 시간을 지켰을 때 누릴 수 있는 만족을 빼앗기는 것이다. 이를테면, 기차를 놓친다거나, 증기선이 정박지를 떠난다거나 혹은 저렴하고 품질도 좋은 상품이 다 팔린다거나 콘서트 좌석이 매진되는 등 사례는 많다. 늑장을 부려 기회를 빼앗긴다면 콘스턴스가 더 이상 꼼지락거리지 않을 거라는 점에는 모두가 공감할 것이다. 당연한 추리가 아니겠는가? 그렇다면 기회의 박탈이 아이의 행동에도 영향을 줄까? 콘스턴스가 늑장을 부릴 때의 자연적 결과는 시간에 늦어서 산책할 기회가 사라진다는 것이다. 다른 친구들은 야외에서 재미있게 노는데 저만 한두 번씩 집에 있다면, 시간을 지키지 못했다는 이유로 만족을 누리지 못했다는 생각에 행동이 달라질 것이다. 어쨌든 잔소리를 늘어놓을 바에야 차라리 자연적 대안이 더 낫다. 잔소리를 자꾸 하면 엄마나 아이가 예삿일로 치부할 테니까.

조심성이 없어 손에 쥔 것을 망가뜨리거나 잃어버린다면 '불편'이라는 자연적 벌칙(어른도 좀 더 주의하게 만드는 벌칙)을 준다. 물건을 잃어버리거나 훼손하여 발생한 손해는 성인 남녀의 태도를 고치는 좋은 경험이 된다. 어린이의 경험에서도 그럴 만한 계기가 될 것이다. 물리적 특성을 학습하기 위해 장난감을 분해해야 한다거나 조심하지 않아 벌어지는 결과를 이해할 수 없는 연령대가 아니라 재산의 의미와 가치를 인식하는 연령대를 두고 하는 말이다. 가령, 주머니칼4)을 가지고 다닐 나이가 된 사내아이가 날을 부러뜨리거나 막대를 자르곤 했던 풀밭에 이를 두고 왔다 치자. 생각이 짧은 부모나 '방임형' 친척은 칼을 또 사줄 것이다. 그러면 소중한 교훈을 배우지 못한다는 것을 모르기 때문이다. 그런 경우에는 주머니칼에 대한 대가를 치러야 하고, 대가를 치르려면 수고가 따른다는 점을 일러둘 필요가 있다. 또한 주머니칼을 잃어버리거나 망가뜨릴 때마다 이를 사줄 형편이 못 된다는 말과 아울러, 아이의 태도가 달라졌음을 확인하기 전에는 칼을 사주지 않겠다고 분명히 밝혀 두어야 한다. 이 같은 규율은 사치를 견책하는 수단이 될 수도 있다.

위의 사례는 단순하지만 효과를 기대할 수 있는 자연적 벌칙과 부모가 자주 쓰는 인위적 벌칙의 차이를 명확히 구분해 줄 것이다. 자연적 벌칙을 좀 더 상세히 적용하기에 앞서, 자연적 벌칙의 장점에 주목해 보자. 이론이 아니라, 가정에서 흔히 볼 수 있는 경험을 두고 하는 말이다.

---

4) penknife, 주로 깃펜을 깎는 데 쓴다. - 옮긴이주

첫째, 인과관계에 대한 바른 개념이 조기에 정립된다. 일관되고 반복되는 경험을 통해 개념이 확고해진다는 것이다. 행동에 대한 결과를 이성적으로 의식할 때에만 바른 품행을 보장할 수 있다. 권위로 밀어붙여서 될 일이 아니다. 장난감을 어지럽히면 나중에 치워야 하는 수고가 따르고, 미적거리면 재미있게 놀 기회를 놓치고, 조심성이 없으면 귀중한 물건을 잃어버리거나 망가뜨린다는 경험은 아쉬움의 결과뿐 아니라, 그 원인을 학습하는 계기도 될 것이다. 어른이 체득하는 것도 이와 마찬가지다. 반면, 꾸지람을 듣거나 인위적 벌칙을 받는 아이는 조심성이 없어 벌어지는 결과를 경험하지만, 옳고 그른 행동의 근본적 특성에 대해서는 배울 기회가 없다. 보상과 체벌이라는 악습은 잘못에 대한 자연적 결과를 잔소리와 꾸중으로 대신함으로써 도덕교육의 기준을 망가뜨리고 있다. 어린이의 경우, 유아기와 아동기를 거치면서 부모나 교사의 불쾌감을 금지된 행동의 결과로 간주하기 때문에 이러한 개념이 인과관계로 연상된다. 그래서 부모와 교사가 중도에 포기하면 불쾌감이 더는 두려움의 대상이 되지 않고, 금지된 행동에 대한 억제력도 크게 감퇴될 것이다. 억제력이란 바람직하지 않은 경험으로 학습되지 않는 자연적 반응을 일컫는다. 이 같은 근시안적 규율은 이를 잘 알고 있는 사람이 "젊은이들은 학교에서 제멋대로 구는데, 특히 부모가 손을 놓은 학생은 방종에 빠지기 십상이다. 규범에 대한 개념도 없는 데다 예의를 지켜야 할 이유도 모르고, 의지할 곳도 딱히 없으므로 세상이 혹독하게 기강을 바로 세워 주지 않으면 사회에서 매우 위험한 존재가 될 것이다"라고 기술한 바와 같다.

자연적 규율은 순수한 정의규범이며 아이도 그렇게 의식할 수 있다는 장점이 있다. 그릇된 행동에서 자연스레 비롯되는 불편한 결과를 감내한 아이라면 부당한 대접을 받았다는 불평을 늘어놓을 리 만무하다. 인위적 체벌을 당한 아이라면 모를까. 어른도 그럴 것이다. 예컨대, 옷이 어떻게 되든 산울타리를 헤집어 놓거나 진흙탕에서 뒹구는 사내아이가 있다고 치자. 이때 매를 든다거나 취침을 강요한다면 아이는 푸대접을 받았다며 억울해할 것이다. 때문에 잘못을 뉘우치기는커녕 자신이 받은 상처만 되뇔 공산이 크다. 그러나 잘못을 될 수 있는 한 확실히 바로잡는다면 어떨까? (온몸에 묻은 진흙을 닦아 낸다거나 찢어진 옷을 꿰매는 등의 행동을 통해서 말이다.) 불편한 결과를 자업자득이라고 생각하지 않을까? 벌칙의 대가를 치르면서 벌칙과 그 원인의 관계를 끊임없이 의식하지 않을까? 기분이 썩 좋지 않겠지만 규범을 어느 정도는 명쾌히 이해하지 않을까? 이 같은 규범에 일관성이 있다면, 즉 옷이 너무 일찍 망가졌다거나, 규율 차원에서 일정 기간이 지나기 전에는 새 옷을 사주지 않는다거나 혹은 멀쩡한 옷 없이는 소풍이나 잔치에 데려가지 않는다면, 벌칙에 야속해하면서도 한편으로는 원인을 따져 볼 것이다. 조심성이 없어 벌어진 결과라는 사실을 그때 깨닫게 된다. 즉, 잘못과 벌칙의 관계가 전혀 없을 때와는 달리, 부당하다며 하소연하는 일은 없을 거라는 이야기다.

재차 말하지만, 부모와 자녀의 기분은 인위적 벌칙보다 자연적 벌칙이 적용될 때 헝클어질 일이 별로 없다. 평소 부모는 그릇된 행동에서 자연히 빚어지는 고통스런 결과를 아이가 몸소 체험하도록 유도하는 대신 또 다른 고통을 안겨 주고 있다. 여기서 두 가지 문제가 생긴다. 하나는 가정의 준칙을 계속 만들어 낸다는 것이고, 또 하나는 준칙을 통해 부모가 자신의 우월성과 권위를 과시한다는 것이다. 그러면 무슨 잘못이든 부모의 심기를 건드리면 부모의 분노를 자극하는 꼴이 될 것이다. 일단 잘못을 저지르면 부모가 수고나 대가를 부담해야 하니 분통이 터지겠지만, 사실 대가나 수고는 잘못을 저지른 쪽이 감당해야 할 결과다. 아이도 예외는 아니다. 자연의 필연적 반응에서 비롯된 벌칙은 인간이 아닌 대리자가 규정한 것으로, 분노를 자극하더라도 미미한 수준인 데다 금방 사그라지는 반면, 부모가 규정한 벌칙은 분노를 솟구치게 하고, 이를 오랫동안 지속시킨다(훗날 벌칙을 가한 주체는 부모로 기억된다). 이러한 대안을 처음부터 실시한다면 결과가 얼마나 끔찍할지 상상해 보라. 잘 모르거나 서투른 탓에 자녀가 감내해야 할 물리적 고통을 부모가 대신 감당한다고 치자. 부모는 반갑지 않은 고통을 앓는 중에도 잘못을 바로잡겠답시고 자녀에게 또 다른 고통을 안겨 줄 것이다. 주전자에 함부로 손을 대지 말라고 했지만 이를 듣지 않아 발에 뜨거운 물을 쏟았을 때, 엄마가 아들 대신 화상을 입으면 그 대가로 매를 든다는 상상도 해봄직하다. 그러면 화를 낼 일이 지금보다 더 많아지지 않을까? 부모와 자녀 모두에게 만성분노조절장애가 걸리진 않을까? 여동생 장난감을 고의적으로 혹은 막 다루다가 망가뜨린 아들을 타박하던 아빠가 장난감을 사준다면 근본적으로 같은 잘못을 저지르고 있는 셈이다(인위적 벌칙은 아이가, 자연적 벌칙은 본인이 감당하니 말이다). 그러면 아빠와 아들 모두 분통을 터뜨릴 게 뻔하다. 아빠가 대가를 요구하면 그나마 마음이 덜 쓰일 텐데 말이다. 장난감은 아이가 물어 주어야 하니 용돈에서 필요한 만큼을 빼겠다고 하면 서로의 감정이 크게 상하진 않을 테고, 용돈을 빼앗길 수도 있겠다 싶은 아들은 공정하고도 유익한 결과를 몸소 체험하게 될 것이다. 요컨대 자연적 반응이 주도하는 규율 때문에 성질이 괴팍해질 가능성은 비교적 낮다. 쌍방이 순수한 정의를 인식하고, 인간이 아닌 자연이 대리자로서 부모라는 인간 대리인을 대신하기 때문이다.

따라서 부모 자식 간 관계는 좀 더 친근해지고, 더욱 돈독해질 것이다. 하지만 부모든 자녀든 화가 날 상황이 벌어지거나 둘 중 어느 하나만 화를 내더라도 서로의 관계에는 해로울 수밖에 없다. 유익한 지도 편달에 가장 중요한 공감대를 약화시키기 때문이다. 달리 말하면, 반감은 남녀노소를 막론하고 경험상 불쾌한 감정과 연관되는 대상에서 생기게 마련이다. 처음에는 애착을 느꼈을지라도 불편한 인상을 체감한 빈도에 따라 애착이 점차 사그라지거나 혹은 혐오감으로 바뀔 것이다. 부모가 화를 내며 잔소리와 힐난만 일삼으면 자녀와의 관계가 소원해지고, 자녀가 자꾸 짜증을 내며 못마땅한 표정을 지으면 자녀에 대한 부모의 애정이 식다가 아주 차가워질지도 모른다. 그래서 자녀가 부모(대개 화를 내고 끝내 체벌하는 쪽은 아버지다)를 혐오하지 않더라도 부모에게 무관심해지고, 부모는 자녀를 말썽꾸러기로 치부하는 경우가 비일비재한 것이다. 알다시피 부모 자식 간 관계가 소원해지면 도덕성을 함양하는 데 엄청난 지장을 초래할 수 있어 부모는 자녀와 부딪치는 일(화를 내는 일)이 벌어지지 않도록 조심하고 또 조심해야 한다. 따라서 자연적 결과를 적용하는 대안, 즉 자연의 순리대로 벌칙을 가함으로써 벌칙의 대리자 역할에서 벗어나 관계가 틀어지거나 소원해지는 불상사를 방지하는 대안을 적절히 활용해야 할 것이다.

자연적 반응을 체험함으로써 도덕성을 함양한다는 대안은 유아와 아동뿐 아니라 성인에게도 동일하게 적용할 수 있다. 이 대안의 장점을 열거하자면, 첫째는 아이가 결과를 몸소 경험하기 때문에 옳고 그른 행동을 이성적으로 이해할 수 있다는 것이고, 둘째는 제 잘못으로 아쉬운 결과를 자초하였기 때문에 벌칙의 공정성을 다소 분명히 깨달을 수 있다는 것이다. 아울러 아이는 벌칙의 공정성을 깨닫고 수고를 통해 벌칙을 감당하기 때문에 기분이 덜 상하는 반면, 부모는 자연적 벌칙을 감독하는 수동적 입장이므로 냉정을 잃지도 않을 것이다. 끝으로 서로 아웅다웅할 일이 없어 부모와 자녀의 감정은 훨씬 유쾌해지고 유대감도 돈독해질 것이다.

생각의 전환

"그렇다면 더 심각한 잘못은 어떻게 해결해야 합니까?"라는 질문이 나올지도 모르겠다. "아이가 물건을 훔쳤다면 이 대안을 어떻게 적용해야 할까요? 거짓말을 하거나 동생을 때리면요?" 라고 말이다.

답변에 앞서, 이와 관련 있는 몇 가지 사례부터 살펴보자.

필자의 친구 이야기부터 시작하련다. 친구는 매형 집에서 같이 사는데 그간 어린 두 조카의 교육을 담당해 왔다고 한다. 그는 앞서 개진한 대안의 취지에 따라 이성적인 결론보다는 자연적인 공감대를 더 많이 가르쳤다. 두 아이는 집안에서는 학생이었고, 야외에서는 벗이었다. 함께 산책을 즐기는가 하면 식물을 채집하기도 했고 꽃도 열심히 찾아다녔다. 아이가 가져온 꽃은 삼촌인 친구가 이름을 말해 주었다. 두 조카는 오락과 교육을 동시에 누린 셈이다. 정신적으로는 친구가 친부모보다 부모의 역할을 훨씬 더 충실히 했다고나 할까. 친구는 그동안의 결실을 몇 가지 이야기하다가 한 가지 일화를 털어놓았다. 어느 날 저녁, 필요한 물건이 다른 방에 있어 조카에게 그걸 갖다달라고 부탁했는데, 놀아줄 때는 뭐든 들어줄 기세였으나 그땐 평소와는 달리 (자세히 기억나지 않지만) 귀찮다거나 싫다며 볼멘소리를 냈다고 한다. 그렇다고 심부름을 강요할 수는 없었기에 하는 수 없이 그가 직접 물건을 가져왔다. 조카의 무례한 행동에 그런 식으로 화를 낸 것이다. 다음 날 저녁, 조카가 여느 때와 같이 놀아달라고 졸라대자 친구는 일언지하에 거절했다(마음에 품은 감정을 표출했을 뿐 아니라 행동의 필연적 결과를 조카가 몸소 체험하도록 유도한 것이다). 이튿날 아침, 눈을 뜨자 문밖에서 인기척이 느껴졌다. 뜨거운 물을 한 잔 떠온 조카는 또 해줄 일이 없는지 주변을 살피다가 "맞다! 삼촌, 부츠 신어야지!"라며 얼른 계단을 내려가 부츠를 갖다 주었다. 잘못을 뉘우치고 있다는 점을 어떻게든 보여 주려 한 아이는, 자기가 거절한 일을 만회하기 위해 '특별 서비스'를 실시한 셈이다. 아울러 성숙한 태도가 철없는 태도를 극복하자, 조카는 다시 찾은 우정을 전보다 더 소중한 것으로 여기게 되었다.

어느덧 신사가 된 조카도 지금은 어엿한 가장이다. 그 역시 삼촌의 교육 방식이 정석이라고 확신하기에 이를 똑같이 적용하고 있다. 아이들은 저녁이 오기만을 기다린다. 친구가 되어 주는 아빠를 볼 수 있기 때문이다. 아빠가 종일 놀아 주는 일요일에는 특히 더 신날 것이다. 그는 아이의 믿음과 사랑을 차지한 덕택에, 찬성이나 반대 의사를 표현하기만 해도 아이들이 함부로 굴지 않는다고 한다. 퇴근 후 아들이 심술을 부렸다는 이야기를 들으면 아이를 대하는 태도가 차가워지는데, 이는 아이의 잘못을 의식하면 으레 나오는 감정이다. 그렇게 해야 벌칙이 가장 잘 통한다는 것이다. 아이는 평소에 하던 애정 표현을 자제해도 가슴에 사무칠 만한 정신적 고통을 겪게 된다(그러면 매를 들었을 때보다 더 오래 울 수도 있다). 이 같은 정신적 불이익에 대한 우려는 그가 회사에 있을 때도 쉽게 가시지 않기 때문에 아이들은 혹시라도 잘못을 저지르진 않았는지, 아빠한테 말썽을 부리지 않았다고 이야기해야 할지 묻는 경우가 더러 있었다. 최근에는 다섯 살배기 말썽꾸러기인 첫째가 몹쓸 짓을 벌였다. 건강한 아이에게서 흔히 나타나는 야성적인 충동을 주체하지 못했는지 엄마가 자리를 비운 사이에 일을 저지른 것이다. 아빠의 화장품 가방에서 면도칼을 꺼내 들고는 동생의 머리를 자르는가 하면, 그것을 갖고 놀다가 제 몸에 상처를 내기도 했다. 자초지종을 들은 아빠는 그날 저녁과 이튿날 아침, 아이에게 아무런 대꾸도 하지 않았다. 아들은 혼쭐이 났는지, 며칠 후 엄마가 외출할 채비를 하자 대뜸 자리를 비우지 말라고 애걸복걸했다고 한다. 혹시라도 엄마가 자리를 비운 사이에 또 잘못을 저지를까 겁이 나서 그랬을 것이다.

"더 심각한 잘못은 어떻게 해결해야 합니까?"라는 질문에 답하기 전, 몇 가지 일화를 소개한 이유는 두 가지이다. 첫째는 부모와 자녀 사이에 정립될 수 있고, 꼭 그래야 하는 관계를 짚어 봐야 했기 때문이고, 둘째는 이러한 관계가 정립되어야 심각한 잘못도 해결할 수 있기 때문이다. 그럼 이번에는 우리가 주장한 대안을 적용하면 바람직한 대인관계를 정립할 수 있다는 점도 아울러 지적해야겠다. 앞서 밝힌 바와 같이, 아이가 그릇된 행동에 따른 불이익을 몸소 체험하면 부모는 아이에게 반감을 갖거나 또는 아이에게 반감을 살 일이 없다. 좀 더 두고 봐야겠지만, 이 대안이 처음부터 꾸준히 지속되는 환경에서라면 돈독한 유대감이 조성될 것이다.

요즘 부모의 정체성에 대해 대개의 자녀는 '적군'과 '아군'으로 구분한다. 부모에게 어떤 대접을 받느냐에 따라 달라지는 인상으로도 피아가 식별되지만, 자녀를 대하는 방식이 당근과 채찍, 격려와 꾸지람, 관용과 체벌 사이에서 시계추처럼 왔다 갔다 하는 경우가 더러 있기에 아이는 부모의 일관된 성격을 파악하기가 어렵다. 한 엄마는 어린 아들에게 '엄마는 가장 좋은 친구'라고 일러 주면 그만이라고 생각한다. 자식이라면 엄마의 말을 믿을 수밖에 없기 때문에 아이도 흔쾌히 그럴 거라고 단정해 버리는 것이다. "다 너 잘되라고 그러는 거란다." "좋은 게 뭔지는 너보다는 내가 더 잘 알지." "지금은 잘 모르겠지만, 나중에 크면 엄마한테 고마워할 거야." 엄마가 입에 달고 사는 잔소리다. 한편, 아들은 매일 당하는 벌칙도 모자라, 이런저런 것을 하고 싶어도 금지되어 할 수가 없다. 말로는 아들의 행복이 목적이라고는 하지만, 엄마의 행동을 보면 아들은 고통스러울 따름이다. 아직 철이 없어 엄마가 꿈꾸는 미래를 이해하지 못하거나, 훗날 자기가 어떻게 행복해질지 가늠할 수 없을 수도 있다. 물론 아들은 느낌이 가리키는 대로 결과를 판단하기 때문에, 결과가 전혀 만족스럽지 않으면 아군이라고 밝힌 엄마에 대해서도 회의감이 들수밖에 없을 것이다. 아이가 제 나름의 증거를 토대로 판단했다고 보면 안 될 만한 이유가 있을까? 엄마도 비슷한 입장에 놓이면 그랬을 것이다. 가령, 지인 중에서 걸핏하면 사기를 꺾고, 거칠게 핀잔을 주고, 종종 불이익을 준다면 다 잘되길 바라는 마음에 그런 거라는 말이 귀에 들어올 리가 없다. 그런데 왜 아들은 그러지 않을 거라고 단정하는가?

그럼 이번에는 필자가 주장한 대안을 꾸준히 적용하면 결과가 어떻게 달라질지 생각해 보자. 엄마가 체벌을 피하고, 자연적 징계에 대해 조언해 주는 친구의 역할로 돌아간다면 결과는 어떻게 달라질까? 대안이 조기에 어떤 식으로 적용되는지 감을 잡을 수 있도록 단순한 사례를 들까 한다. 본디 귀납적 탐구 과정을 따르는 실험 정신이 한 사내아이에게 발동됐다고 치자(원래 실험 정신은 아이가 강한 편이다). 아이는 재미 삼아 촛불에 종잇장을 태우며 이를 지켜보고 있다. 이때 생각이 짧은 엄마라면 불장난하지 말라거나, 화상을 입을지 모른다는 생각에 당장 그만두라며 언성을 높일 것이고, 말을 듣지 않으면 억지로라도 종이를 빼앗을 것이다. 반면, 다행히 지각이 있는 엄마라면, 종이가 타는 것을 지켜보는 아이의 호기심이 건전한 탐구심에서 비롯되었다는 점과 탐구심을 발휘할 줄 모르면 우둔한 사고방식에서 벗어날 수 없으리라는 점을 인정할 것이다. 섣불리 개입했을 때 벌어질 정신적 결과까지 감안할 수 있는 현명한 엄마라면 다음과 같이 생각도 남다르다!

'종이를 빼앗으면 지식을 습득할 기회를 빼앗는 것과 같지. 화상을 입지 않을지도 모르지만, 그러고 나면 무슨 소용이 있겠어? 다음에도 종이에 불을 지를 텐데? 불이 뜨겁다는 사실을 직접 겪어 봐야 오히려 안전해지지 않을까? 당장의 사고는 막았다고 해도, 주변에 아무도 없으면 아이가 더 큰 사고를 저지를지도 모르잖아. 지금처럼 내가 옆에 있어줄 때라야 안전하게 불을 피울 수 있고, 그렇게 해서라도 일단 불을 무서워하게 되면 주변에 사람이 없어도 화재를 일으켜 목숨을 잃는다거나 집을 태울 일은 없겠지. 게다가 실험을 무턱대고 말리면 건전하고도 교육적인 재미를 빼앗은 격이 되니 아이가 반감을 느낄지도 모르잖아. 아직 철이 없어 내가 막으려는 것이 뭔지 잘 모를 테고, 장난 좀 하겠다는데 그걸 말렸으니 실망이 크겠지. 그럼 내가 자신을 실망시킨 장본인이 될 테고. 아이에게는 없는 것과 마찬가지인 화상을 막겠답시고 가슴에 깊이 남을 상처를 준다면, 아이 입장에서는 내가 악의 화신이 될 거란 말이지. 그러니 일단 위험하다고 일러주고 나서 화상은 입지 않도록 하는 게 최선이겠군.'

이 같은 최종 결론에 따라 엄마는 아이에게 경고 메시지를 보낼 것이다. "그러면 다칠 수도 있단다." 대개가 그렇듯, 이 아이도 고집을 꺾지 않다가 결국에는 화상을 입었다고 가정해 보자. 결과는 어떤가? 우선, 언젠가는 거쳐야 할 소중한 경험을 얻었다. 안전을 위한 경험인 만큼 아무리 일러도 손해를 보지 않는다. 둘째, 엄마의 경고 메시지가 모두 저를 위한 것임을 깨달았다. 엄마의 사랑을 체험했기 때문에 그 이후로는 엄마의 판단을 믿을 수 있을 뿐 아니라, 엄마를 더 사랑할 것이다.

물론 팔다리가 골절된다거나 심각한 부상을 입을 가능성이 있다면 강제로라도 말려야 하겠지만, 극단적인 경우가 아니라면 매일 겪게 되는 사소한 일에 대해서는 보호보다는 경고나 조언이 더 바람직하다. 필자의 대안을 꾸준히 적용하다 보면 부모에 대한 애정도 더욱 돈독해질 것이다. 다른 경우도 마찬가지겠지만, 자연적 반응을 적용한 규율이 허용된다면, 즉 야외에서 부상이 염려되는 말썽을 피우든, 집 안에서 실험을 하든 심각한 피해를 입지 않는 범위 안에서 아이가 꾸준히 탐구할 수 있는 풍토를 조성한다면 부모에 대한 신뢰가 생길 수밖에 없다. 앞서 살펴본 바와 같이, 부모가 함께 이러한 원리를 적용한다면 체벌과 끊임없는 잔소리에서 비롯된 증오심의 싹을 잘라낼 뿐 아니라 말다툼으로 번질지 모를 일을 호감이 증폭되는 계기로 바꿀 수 있을 것이다. '부모가 곧 믿음직한 친구'라는 말이 행동과 다르지 않다는 사실을 일상생활을 통해서 반복하며 체득하게 된다. 아이가 신뢰와 애정을 몸소 느껴야 가능한 이야기다.

이러한 대안을 꾸준히 적용할 때 유대감이 훨씬 더 돈독해진다는 점을 짚어 보았으니 첫 번째 의문 "더 심각한 잘못에는 원리를 어떻게 적용해야 하는가?"로 돌아가 보자.

우선 일반적인 교육 원리보다 필자가 지향하는 교육 원리를 적용했을 때 심각한 잘못이 벌어질 가능성이 더 낮다는 점에 주목하라. 많은 아이들이 하루가 멀다 하고 연신 저지르는 비행은 어설픈 교육 탓에 반감이 가시지 않을 때 나타나는 결과이기도 하다. 잦은 체벌로 느끼는 소외감과 적대감은 공감대를 파괴하기 때문에 공감대가 견제해야 할 비행의 도화선이 되는 것이다. 아울러, 한 식구의 아이들 사이에서 혹독한 냉전이 벌어진다는 것은 어른에게서 형편없는 대접을 받았다는 증거이며, 직접적으로는 어른이 본보기를 잘못 보인 탓도 있고, 체벌을 당하고 꾸지람을 들은 뒤에 느끼는 간접적인 보복심리 때문일 수도 있다. 우리가 밝힌 원리로 아이를 교육하면 유쾌한 감정과 애정이 나타나고 그것으로 비행의 정도와 빈도를 줄일 수 있다는 것은 두말하면 잔소리가 아닐까 싶다. 또한 거짓말이나 절도 같은 괘씸죄도 줄어들 것이다. 그 같은 죄를 지으면 가정의 불화도 깊어지게 마련이다. 다들 알다시피 고상한 쾌락이 금지된 사람은 하등한 쾌락에 빠지기 쉽고, 공감대가 형성되는 유희를 만끽하지 못한 사람은 이기적인 유희를 찾는 것이 인간의 본성이다. 따라서 부모와 자녀가 서로 행복하다면 이기주의로 벌어지는 비행도 감소될 것이다.

최선의 교육제도가 무색하리만치 종종 비행이 벌어진다 해도 중요한 규율을 벗어나선 안 된다. 신뢰와 애정이 있다면 원리는 결국 통할 테니까 말이다. 그렇다면 절도의 자연적 결과는 무엇일까? 이것은 직접적 결과와 간접적 결과 두 가지로 나뉜다. 직접적 결과는 공정한 배상이 따른다는 것이다. 정말 공평한 지도자라면(공평한 지도자가 되고 싶지 않은 부모는 거의 없다) 아이에게 바른 행동으로 잘못을 만회하라고 주문할 터인데, 물건을 훔친 경우라면 피해자에게 물건을 도로 갖다 주고, 이미 썼다면 그와 값어치가 같은 것으로 배상하면 해결될 것이다. 어린이는 용돈에서 주면 된다. 반면, 간접적이고도 심각한 결과는 부모의 불편한 심기다. 불쾌한 감정을 표출하는 것이야말로 절도를 범죄로 간주하는 문명사회에서 자연적 반응 중 가장 혹독할 것이다. "하지만 이 같은 사례에서는 말로든 체벌로든 불편한 기색을 표출할 수밖에 없으니 대안이 무엇이든 달라질 것은 없다"라는 주장도 나올 법하다. 틀린 말은 아니다. 애당초 인정했듯이, 이 대안은 자율적 사고로 이루어진다. 그렇다면 교육제도는 수준에 맞는 제도를 지향하게 되어 있으며, 자연적 반응의 정도는 바람직한 질서에 맞게 저절로 달라진다는 주장도 제기해 봄직하다. 예컨대, 시대가 비교적 미개하고 아이도 비교적 미개한 시대라면 부모의 불쾌감은 더 잔혹할 것이고, 조곤조곤 대화로 해결하는 교양 있는 사회라면 덜 잔혹할 것이다. 그러나 자녀가 심각한 잘못을 저질렀을 때 부모가 표출하는 불쾌감은 부모 자식 간의 정에 비례한다. 이러한 경우에도 자연적 결과를 체험케 하는 대안을 적용해야 하며, 왜 그래야 하는지 그 이유는 삶에서 찾을 수 있을 것이다.

남의 감정을 상하게 했을 때 진심으로 느끼는 가책의 정도가 상대와의 유대감에 따라 달라진다는 점은 누구나 다 아는 사실이 아닐까 싶다. 기분이 상한 사람이 '피의자'와 원수가 되었다면 분노가 만족을 주는 원천이 될 공산이 크지 않겠는가? 일면식도 없는 사람이 화를 내면 가까운 지인에게 그랬을 때보다는 신경이 훨씬 덜 쓰이겠으나, 가장 아끼는 친구의 심기가 불편해졌다면 후회가 막급하지 않겠는가? 이와 같이, 부모가 자녀를 못마땅히 여기는 감정 또한 기존의 유대 관계에 따라 결정된다. 관계가 이미 틀어졌다면 잘못을 저지른 아이는 체벌을 당하거나 기회가 박탈될지 모른다는 이기적인 두려움에 사로잡힐 테고, 이를 당하고 나면 적대감과 증오심만 쌓일 뿐이다. 적대감과 증오심은 정신에 상처를 입히는 것도 모자라 부모와의 관계마저 서먹하게 만들 것이다. 그러나 부모와의 돈독한 유대감을 통해 자녀가 온정을 품고 있다면, 부모가 눈살을 찌푸린 것이 장래의 비행을 예방할 뿐 아니라, 근본적으로도 유익하다 할 수 있다. 여기서 유대감은 체벌과 박탈을 일삼을 요량으로 원칙을 따지는 유대감이 아니라 아이도 이해할 수 있는 일상적인 유대감이요, 걸핏하면 못하게 말리는 것이 아니라 그릇된 결과를 사전에 경고하고 아이의 행동에 공감하는 유대감을 가리킨다. 따라서 소중한 친구를 잃었을 때 느끼는 바와 같이, 정신적 아픔은 일상적 체벌을 대신해도 손색이 없다. 또한 서로 유대감이 돈독한 관계에서라면 더욱 유익할 것이다. 두려움과 앙심 대신 부모의 안타까운 심정에 대한 공감대가 형성되면, 자녀는 가책을 느끼며 평소의 유대감을 회복하려는 마음이 절실해지기 마련이다. 그러면 범죄의 근본 원인인 우월감이 아니라, 범죄를 견제하는 이타적 감정이 작용하게 된다. 따라서 자연적 결과를 체험케 한다는 방법은 사소한 잘못뿐 아니라 심각한 비행에도 동일하게 적용되며, 잘못을 억제하는 데 그치지 않고 이를 근절하는 데에도 보탬이 될 것이다.

요컨대 야만성은 야만성을 낳고, 관용은 관용을 낳는 법이다. 푸대접을 받으며 자란 아이는 친구도 그렇게 대할 공산이 크다. 상대방을 친근하게 대하는 것은 우정을 키우는 수단이며, 가정을 다스리는 것은 곧 국정과도 같다. 잔혹한 폭정은 숱한 범죄로 이어지지만, 자유롭고 온건한 정치는 불화의 원흉을 피할 뿐 아니라, 감정을 누그러뜨려 일탈의 가능성을 낮추기 때문이다. 존 로크John Locke가 "가혹한 처벌은 교육적으로 유익하기는커녕 해롭기 그지없다. 단언컨대 '조건이 동일하다면coeteris paribus' 꾸중을 자주 듣는 아이가 위대한 사람이 되기 어렵다는 사실을 깨달을 날이 올 것이다"라고 역설한 것처럼 말이다. 펜턴빌 교도소Pentonville Prison에 파견된 로저스Rogers 목사의 증언은 우리가 인용한 사실을 뒷받침한다. 그에 따르면, 회초리를 맞는 비행 청소년은 재수감될 가능성이 더 높다고 한다. 반면, 따뜻한 대접의 결과에 대해서는 어느 프랑스 여성의 사연을 소개할까 한다(파리에 있을 때 초대를 받은 적이 있다). 그녀는 학교나 집 할 것 없이 방정을 떠는 아이 때문에 사람들에게 사과하느라 정신이 없었다. 궁여지책 끝에 아이의 형에게 했던 것처럼, 아이를 잉글랜드에 있는 학교에 보내는 것 말고는 뾰족한 대책이 없다고 생각했다. 첫째 아이도 프랑스에서는 말썽꾸러기로 유명했는데, 마침 지인이 잉글랜드로 유학을 보내라고 조언해 주었다고 한다. 얼마 후 유학을 마치고 온 아이는 언제 그랬냐는 듯 온순한 양이 되어 돌아왔다는 것이다. 그녀는 잉글랜드 학교의 교칙이 딱딱하지 않아서 아이가 달라졌다고 봤다.

원리를 설명하고 나면 그로부터 유추할 수 있는 주요 원칙과 마음에 새겨둘 만한 점을 몇 가지 살펴볼까 한다. 권고하는 방식으로 써야 간결해질 듯싶다.

　자녀에게서 성인군자의 면모를 기대해서는 안 된다. 교양인이라도 소싯적에는 선조에게서 물려받은 야만성이 발현되는 단계를 거치게 되어 있으니 말이다. 아이의 신체적 특징이 (납작한 코, 훤히 보이는 콧구멍, 큼지막한 입술, 간격이 넓은 눈, 그리고 발달이 안 된 부비강[5]) 잠시나마 야만족을 닮듯, 본능도 그럴 것이다. 공평치 않고, 남의 물건을 자주 훔치고, 거짓말을 일삼는 등, 아이에게서 흔히 볼 수 있는 잘못은 자연적 벌칙의 도움을 받으면 이목구비처럼 그럴듯하게 달라질 수 있다. 대부분의 사람들은 아이가 '순진무구'하다고 생각하는데, 이는 악에 대한 '지식'을 두고는 사실이나, 악한 '충동'에 대해서는 틀린 말이다. 어린이집에서 반시간만 관찰해 봐도 필자의 말이 입증될 것이다. 공립학교에서도 그렇겠지만, 사내아이는 내버려 두면 어른보다 더 남을 학대한다. 좀 더 이른 나이에 방치하면 무례한 언동이 훨씬 더 눈에 띌 것이다.

　청소년이 갖추어야 할 예의의 수준을 너무 높게 잡는 것도 어리석은 일이나, 예의범절을 너무 서둘러 부추기는 것은 더 어리석은 짓이다. 지능이 조숙해지면 해로울 수 있다는 점은 대개가 의식하고 있지만, 도덕이 조숙해지는 것 또한 해롭다는 점을 아

---

5) 두개골 속의, 코 안쪽으로 이어지는 구멍. ― 옮긴이주

는 사람은 드문 모양이다. 지능과 마찬가지로, 도덕적 역량도 비교적 복잡하다. 도덕적 역량이 발달단계에서 상대적으로 늦게 발달하는 이유가 바로 이 때문이다. 지능과 도덕은 일찍부터 자극을 통해 달라질 수 있다. 때문에 아동기에 예의바른 소년 소녀의 모범이었던 아이가 점차 형편없이 타락하고, 딱히 설명하기 어려운 변화를 겪다가 기대 이하로 추락하는 경우가 비일비재한 것이다. 정작 모범적인 사람은 유년시절에 그다지 유망하지 않았을 것이다.

그러니 적당한 수준과 적당한 결과에 만족하라. 고상한 도덕은 높은 지능과 마찬가지로, 더딘 발달을 통해 이루어진다는 점을 늘 명심하라. 그러면 아이가 시시때때로 보여 주는 바와 같이, 자연이 완전하지 않다는 사실에 인내심을 발휘할 뿐 아니라, 아이를 꾸짖고, 무언가를 강요하고, 아이에게 험악한 꼴을 보이는 일이 줄어들 것이다. 많은 부모가 아이를 훌륭하게 키운답시고 그런 작태를 벌여온 것이 사실이다.

절대군주인 양 부모가 아이의 일거수일투족을 감시하는 것이 아니라, 자유를 존중하는 가정환경이야말로 우리가 지향하는 목적이다. 아이가 잘못에 대한 자연적 결과를 스스로 감내하도록 유도하고, 과한 참견을 일삼는 부모와는 다른 길을 가고 있다는 데 만족할 줄 알아야 한다. 아이가 가급적 경험을 많이 쌓을 수 있도록 풍토를 조성한다면, 과한 참견이 조장하는 온실 속의 선행(순종적 성향일 때)이나 기세를 꺾는 반감(독립적 성향일 때)을 부추기지 않을 것이다.

경우를 막론하고, 행동에 대한 자연적 결과를 아이 스스로 감당하도록 유도하는 것은 아이가 자신의 성격을 확인하는 계기가 되기도 한다. 많은 부모가 적용하고 있는 도덕교육법은 앞서 주장한 바와 같이 화풀이와 별반 다르지 않다(대다수가 아니길 바랄 뿐이다). 주로 엄마가 아이를 혼낼 때 그러듯, 매를 들거나 어깨를 잡아 몸을 흔들어 대거나 혹은 홧김에 심한 말을 거침없이 쏟아 낸다는 것은 스스로의 감정을 다스리지 못하고 있다는 증거다 (아이가 정말 잘못해서 그러는 경우는 많지 않다). 잘못을 저지른 아이가 잘되길 바라는 마음에서라기보다는 욱하는 성질을 못 이겨 그런다고 봐야 한다. 욱하는 성질을 참지 못하면 자녀와의 사이도 멀어지고, 아이가 부모를 공경하려는 마음도 식기 때문에 자신의 성품뿐 아니라 권위에도 누가 되게 마련이다. 자녀가 잘못을 저질렀을 때 그에 따른 자연적 결과와 그것이 아이의 잘못을 일깨워 주는지를 숙고해 본다면, 자제력을 찾는 데에 시간을 들이고 처음에는 욱했다가도 차차 분노가 수그러들어 애먼 갈등을 일으키지 않을 것이다.

열정이 없는 로봇처럼 처신하라는 소리가 아니다. 아이의 자연적 결과뿐 아니라, 부모 나름의 만족이나 불만도 자연적 결과이자, 아이를 지도하는 데 밑거름이 되기 때문이다. 요즘에 자연이 정한 벌칙 대신 교육에 부모의 불쾌감과 인위적 체벌을 적용한다는 게 화두가 되고 있는데, 그러나 자연적 법칙을 대신하지 않는다 해도 인위적 체벌이 자연의 벌칙을 대신한다고 볼 수는 없다. 2차적 체벌이 주된 체벌의 입지를 빼앗아선 안 되지만, 적당한 수준이라면 문제 삼을 일은 없을 것이다. 가슴이 느끼는 대로 말이나 행동으로 나타나는 거부감, 분노, 아쉬움은 스스로 수긍하였기에 표출되는 것이다. 그러나 불쾌감의 정도와 기간을 두고는 주의해야 할 점이 있다. 첫째, 대개는 엄마가 더 그러는데, 잔소리를 늘어놓다가도 언제 그랬냐는 듯 단숨에 용서하는 것처럼 충동에 휘둘려선 안 되고, 둘째, 자녀와의 인연을 끊고 남남처럼 살고 싶지 않다면 반목이 지속돼서는 안 된다. 자녀의 행동에 대한 도덕적 대응은, 가급적 완벽한 성품을 가진 부모가 행동하는 것과 같아야 한다.

이래라저래라 하는 말은 자제하자. 다른 수단을 적용할 수 없거나, 그것이 통하지 않을 때만 그래야 한다. "주문이 잦으면 아이보다 부모의 지위를 더 생각한 것이다." 리히터의 말이다. 고대사회에서는 법을 위반하면 곧 처벌로 이어졌다. 법을 어긴 행위가 근본적으로 잘못되었기 때문이라기보다는 왕의 권위를 경시한 것으로 간주되었기 때문이다(모반과도 같았다). 그래서 대다수의 가정에서의 체벌은 잘못에 대한 질타라기보다는 불순종에 대한 분노에 가까웠다. 평소 어떤 말이 오가는지 들어 보고 말에

실린 의도를 곰곰이 생각해 보라. (예를 들어 "도대체 뭘 믿고 말을 안 듣는 거니?", "순순히 말을 듣게 해주지", "누가 '위'인지 확실히 깨닫게 해주마" 등이 있다.) 상대를 지배하려는 의지는 아이를 위한 걱정보다 더 뚜렷이 부각된다. 이때 부모의 심리는 오래가진 않겠지만, 제멋대로 구는 백성을 처벌하려는 폭군과 크게 다르지 않다. 그러나 올곧은 부모라면 널리 국민을 이롭게 하려는 의원처럼 강요를 지양하는 데 만족하고, 행동을 규제하는 법이 도입될 수 있는 경우에라도 가급적이면 법을 운운하진 않겠지만, 법이 불가피할 때는 이를 매우 유감스럽게 생각할 것이다. 리히터의 말마따나 정치의 최선은 '너무 지배하려 들지 않는 것이므로pas trop gouverner' 교육도 이와 별반 다르지 않다. 순수한 의무감에서 자녀를 다스리려는 부모는 리히터의 지론에 동감하므로 가급적이면 자녀가 스스로 처신할 수 있도록 유도할 것이다. 절대적인 개입은 최후의 보루일 뿐이다.

하지만 어쩔 수 없이 개입해야 할 상황이라면 결단력과 일관성이 무엇보다 중요하다. 달리 도리가 없는 경우에 지시를 내리고, 일단 지시를 내렸으면 번복하는 일은 없어야 한다는 것이다. 결정을 내리기 전에 충분히 고민해 보고, 모든 결과를 감안하여 규율을 확정해야 한다면 무슨 일이 있더라도 이를 일관성 있게 적용할 수 있는지 목적의식은 확고한지 따져 봐야 할 것이다. 벌칙은 무생물계에 적용되는 것과 같아야 한다. 가령 아이가 뜨거운 재를 만져 화상을 입었다고 치자. 한두 번을 만지든 세 번을 만지든 재에 손을 댈 때마다 화상을 입을 테고, 이런 경험을 통해 아이는 재를 만져선 안 된다는 교훈을 조기에 습득할 것이다. 일관성 있게 행동한다면 (특정 행동에 따르는 결과를 들려주고 나서 이를 시종일관 지킨다면) 아이는 자연의 법칙처럼 당신이 정한 규정도 존중할 것이다. 아이가 규정을 존중하면 끊임없이 불거지는 가정의 불화를 예방할 수 있다. 교육 분야에서 거론되는 최악의 문제점 중 하나가 바로 부모의 일관성이 부족하다는 것이다. 어느 사회든 사법제도의 일관성이 없으면 범죄가 증가하듯, 가정 또한 벌칙을 망설이거나 벌칙에 일관성이 없을 때 비행이 늘어난다. 아이를 매번 다그치지만, 그에 걸맞은 대책이 없는 엄마는 벌칙을 성급히 세웠다가 나중에 이를 후회하거나, 잘못을 엄하게 꾸짖다가도 기분이 좋아지면 눈감아 주는 식으로 자신과 아이의 불행을 차곡차곡 쌓고 있는 셈이다. 이를테면 아이가 엄마를 가볍게 봐도 된다는 그릇된 인상을 심어 주고, 몸소 엄마 자신이 감정을 절제하지 못한다는 것을 보여 주는가 하면, 벌을 받지 않을 수도 있다는 인상을 주어 비행을 조장하고, 사소한 다툼을 끊임없이 부추김으로써 자신과 아이의 감정에 상처를 준다는 것이다. 게다가 둘 다 정신적 혼란에 빠지는 것도 문제다. 수년이 지나면 바로잡히겠지만 그러기가 쉽지 않을 것이다. 가정을 다스릴 때 인도적이지만 일관성 없는 것보다는, 차라리 야만스러워도 일관성을 갖추는 편이 더 낫다. 재차 말하지만, 강요는 가급적 피하되 정말 필요하다면 그에 진심을 담아라.

수동적 인간이 아니라 자주적 인간을 양성하는 것이 교육의 목표라는 사실을 항상 명심하라. 자녀가 종으로 살아야 할 운명이라면 소싯적부터 노예 생활에 적응해야겠지만, 통제할 사람이 없는 자유인이 될 운명이라면 부모의 슬하에 있을 때 자주성에 익숙해져야 할 것이다. 때문에 자연적 결과를 통한 교육제도가 영국과 같은 사회국가에 적합하다. 폭정이 난무하던 옛 사회에서는 시민이 두려워해야 할 대상 중 하나가 상관의 분노였다. 그러니 어릴 적에 부모가 체벌을 가하는 가정이 대다수였다는 사실은 이상한 일도 아니었다. 물론 사람은 두려울 것이 거의 없는 요즘이라면 첫 몇 년간은 실험한다는 생각으로 좋거나 나쁜 결과를 몸소 체득하는 것이 바람직하다. (평소에 겪는 사건은 좋든 나쁘든 자연의 순리대로 자업자득인 경우가 대부분이다.) 따라서 부모가 관장하는 영역은 가급적 빨리 줄이고, 그 대신 결과 예측으로 기를 수 있는 자율성을 심어 주어야 할 것이다. 유아기는 절대적인 개입이 필요한 때다. 예를 들어 세 살배기 아이에게 날카로움을 일깨워 준다는 미명하에 손에 면도칼을 쥐어 줄 수는 없다는 이야기다. 너무 위험하기 때문이다. 지능이 발달하면 부모가 일방적으로 개입해야 할 일이 점차 줄어들 수도 있다. 아니, 꼭 줄어들어야 한다. 그러다 보면 일방적인 개입은 점차 종지부를 찍게 될 것이다. 위험하지 않은 과도기는 없다. 가정이라는 울타리를 벗어나 세상에 발을 들이는 과도기가 가장 위험하다. 그래서 우리가 주장한 대안(아동의 자제력을 증진시키고 이를 위해 방임의 수준을 계속 높이면, 제3자의 도움이 없이도 자제력을 발휘할 수 있다)이 중요한 것이다. 대안을 따른다면 제3자의 통제를 받는 유아기에서 자신이 스스로를 통제하는 성숙기로 성급하게 접어드는 위험은 없을 것이다. 가정의 '통치' 역사를 정치사의 축소판으로 삼으라. 예컨대, 통제가 정말 필요한 초창기에는 전제군주제를 지향하다가 백성의 자유가 인정되면 입헌군주제로 전환하고 국민의 자유가 좀 더 확산되면 군주(부모)의 개입을 점차 폐지한 것처럼 말이다.

아이의 고집이 강해도 그리 아쉬워할 필요는 없다. 현대 교육에서 부각되는 강제성이 줄어들고 있다는 증거이기 때문이다. 한 쪽이 행동의 자유를 주장할수록 다른 쪽이 강요를 일삼을 가능성은 낮아지게 마련이며, 이 두 가지는 우리가 주장한, 즉 자연적 결과를 체험함으로써 자율성을 키운다는 교육법을 암시하는 한편, 사회나 국가가 발전했다는 뜻이기도 하다. 독립심이 강한 잉글랜드 아이 뒤에는 독립심이 강한 잉글랜드인 아버지가 있다. 독일 교사는 잉글랜드 사내아이 한 명을 관리하느니 차라리 독일 아이 열 명을 관리하는 편이 낫다고 토로한다. 그렇다면 잉글랜드 아이도 독일 아이처럼 순둥이로 만들어, 독일인의 고분고분한 태도와 정치적 농노제를 답습해야 할까? 자유인다운 독립심을 허용하고 이에 따라 대안을 수정해야 하지 않을까?

끝으로 바른 교육은 아주 복잡하고 극도로 어렵다는 점을 항상 명심해야 한다. 단순하거나 쉽게 볼 대상이 아니다. 어른이 감당해야 할 가장 힘든 과제랄까. 아이를 거칠게 다스리는 기존의 방식은 매우 야박하고 미개한 지성인에게나 안성맞춤일 것이다. 손찌검과 폭언은 이를 일삼는 사람이 야만인이나 무지한 시골뜨기와 다르지 않다는 것을 보여 주는 체벌 방식이다. 까다롭게 구는 강아지에게 으르렁대거나 이빨로 반쯤 무는 암캐를 보면 알 수 있듯이, 짐승도 그런 식의 규율을 적용하고 있다. 그러나 합리적이고도 문명인다운 제도를 실시하려면 엄청난 정신력, 즉 탐구력, 창의력, 인내력, 그리고 자제력을 발휘해야 한다. 행동의 결과를 추적하는 습관을 기르고 나면 아이가 같은 행동을 했을 때 (어른이 되어서도 특정 행동에 따른 결과를 예측할 수 있도록) 바람직한 결과를 유도할 수 있는 대안도 아울러 마련하라. 아이의 행동을 불러일으킨 동기도 분석해야 한다. 예컨대 겉으로는 그럴 듯하지만 하등한 충동에서 비롯된 행동과 순수하게 선한 행동을 구별하고, 흔히 그러듯 아무런 의도가 없는 행동을 범죄 취급하는 잔인한 오판도 경계해야 할 것이다. 아이의 성향에 맞도록 자신만의 대안을 수정하고, 성향이 달라질 때마다 추가로 수정할 수 있어야 한다. 인내심을 발휘해야 하지만 결과가 불투명하면 왠지 맥이 빠지는 경우도 더러 있다. 특히 학대나 푸대접을 받아

온 아이를 상대할 때는 장기간 끈기 있게 노력하겠다는 각오가 있어야 한다. 정서 상태가 정상이라 해도 교정이 쉽지가 않은데, 애당초 뒤틀려 있다면 훨씬 더 어려울 게 뻔하다. 아울러 아이의 동기뿐 아니라 자신의 동기도 (진심 어린 부모의 심정에서 우러난 조언과, 이기심에서 발동한 충고, 소탈한 사랑과 지배욕을 구별하기 위해) 끊임없이 분석해야 한다. 그러고 나면 야박한 충동을 감지하여 이를 억제하라. 요컨대, 자기교육을 이루어 가는 동시에 자녀 교육도 병행해야 한다는 것이다. 지적으로는 복잡한 주제(자녀와 자신과 세상에 나타난 인간의 본성과 그 법칙)에 몰두하고, 정신적으로는 하등한 감정은 자제하고 고상한 감정은 지속적으로 표출하도록 노력해야 한다. 차차 알겠지만, 부모의 의무를 바르게 감당할 때만이 남성이든 여성이든 정신이 마지막 단계까지 발달할 수 있다. 부모라는 지위는 강력한 애정으로써 인간이 규범에 순응토록 한다는 점에서 참으로 칭송할 만하다.

혹자는 이러한 교육에 대한 개념을 이상적인 것으로 간주하면서도 의구심과 실망어린 시선으로 보겠지만, 증거를 몸소 확인하고 흡족해할 사람도 있을 줄 안다. 충동적인데다 인정도 없고 근시안적인 사람은 그런 교육을 실현할 수 없다. 인성이 발달해야 이상적인 교육에 적합하다는 이야기다. 이를 위해서는 수고와 자기희생이 따르겠지만 지금이든 나중이든 행복이라는 풍성한 보상이 약속되어 있다. 잘못된 제도는 부모와 자녀 모두에게 피해를 주므로 갑절의 저주인 반면, 올바른 제도는 교육자와 피교육자 모두에게 복을 주므로 갑절의 축복이라 하겠다.

이 장에서는 옳고 그름의 기준점에 대해서는 전혀 언급한 바가 없다. 아이는 아주 문외한일 테고, 현인조차도 거의 모를 테니까. 그러나 사상가라면 우리가 행동에서 '옳은 것'의 기준을 찾았을지도 모른다는 데에 동감할 것이다. 법칙을 찾지 못했더라도 말이다. 종교적인 이야기도 배제했다. 연구는 비교적 가까이에 있고 중요하지만, 눈여겨보지 않았던 분야로 한정했다. 필자의 지론에 독자 각자의 생각을 보태도 좋다. 수긍만 되면 뭐든 환영이다.

Chapter 4

체(體)
체육의 필요성에
관하여

PHYSICAL
EDUCATION

살찌지 않는 아이들

아낙네가 자리를 뜬 뒤의 부잣집 테이블이나, 소작농이 즐겨 찾는 식당이나 혹은 마을 선술집에서 정치적인 의문이 오가고 나면, 대개는 각자가 기르는 짐승이 화두가 된다. 사냥을 마치고 돌아오면 어김없이 사육과 족보 있는 말 이야기에서 가축의 이런저런 '잘난 점'으로 이어지기 십상이다. 반면, 사냥터에서는 개가 빠지는 법이 없다. 예배를 마치고 농장을 지나다 보면 인근 농지에서 일하는 소작농의 푸념이 들려온다. 목사의 설교가 마음에 들지 않는다고 했다가, 궂은 날씨와 작물과 가축을 두고도 이러쿵저러쿵 구시렁대다가 사료의 품질로 자연스레 화제를 옮긴다. 하인인 두 사내는 각자의 돼지우리에 대한 의견을 교환하다가 주인의 가축을 제 나름대로 잘 키워 왔다는 점을 강조하며 이런저런 식으로 관리해 보니 결과가 이렇더라는 서로의 노하우도 나눈다. 물론 개집, 마구간, 외양간, 양사 관리가 농촌에서만 화두가 되는 것은 아니다. 도시에서도 개를 기르는 수많은 장인을 비롯하여, 이따금씩 사냥을 즐길 만큼 풍족하게 사는 청년과, 그들을 키운 느긋한 [영농 발전의 향방을 거론하거나, 메치(Mechi)의 연례보고서와 케어드(Caird)가 《타임스(Times)》에 기고한 글을 읽는] 어르신들을 다 합치면 아주 많다. 영국 전역에 사는 남성만 보더라도 사육이나 동물 훈련에 관심이 많은 사람이 대다수라는 사실을 알게 될 것이다.

하지만 만찬 후나 교제 중에 오가는 대화에 아동교육이 화두가 된 적이 한 번이라도 있었던가? 농가에 사는 영국인이라면 매일 마구간에 들러 말의 건강이나 관리 실태를 점검하고, 몸집이 작은 가축도 대충이라도 살펴볼 터이나, 어린이집의 급식이나 통풍 상태는 하루에 몇 번이나 확인하는가? 서재에 가보면 화이트White가 쓴 《수의학Farriery》을 비롯하여, 헨리 스티븐Henry Stephen의 《영농일기Book of the Farm》와 님로드Nimrod의 《사냥꾼의 조건The Condition of Hunters》 등, 자신에게 다소 익숙한 책은 쉽게 눈에 띄겠지만, 육아에 대한 책은 몇 권이나 읽었을까? 사료용 깻묵의 지방, 건초 및 지푸라기의 장단점, 무수히 많은 토끼풀의 단점은 지주나 농부나 소작농이라면 어느 정도는 '입력'이 되어 있겠지만 아이가 먹는 음식의 영양가와 성장하는 아이의 체질에 맞는 먹거리에 대해서는 몇 퍼센트나 알고 있을까? 이런 부류의 사람들에게는 그런 이야기가 낯설게만 느껴질지도 모르겠다. 물론 다른 부류도 입장은 대동소이하다. 예컨대, 도시에 사는 주민 중에는 말에게 사료를 먹이고 나서 바로 일을 시키면 건강에 좋지 않다는 사실을 아는 사람은 극히 드물다. 게다가 모두가 자식을 둔 아버지라고 가정했을 때, 아이가 식사를 하고 나서 충분히 쉰 다음에 수업이 시작되는지 생각해 본 사람은 하나도 없을 것이다. 일일이 찾아가 물어보면 남성 중 십중팔구는 육아에 관심 없다고 말할 테고, 그건 여성이 전담하는 일이라고 대꾸하는 사람도 있을 것이다. 대다수의 경우, 어조나 태도로 보아 육아는 남성의 권위에 어울리지 않는 일로 치부하는 듯싶다.

사회적 통념에서 비롯된 관행을 잠시 생각해 보자. 1급 수송아지를 사육하는 데는 소위 '배웠다'는 사람이 흔쾌히 시간을 내고 연구와 고민을 아끼지 않는데, 정작 사람을 기르는 일은 관심을 둘 만한 가치가 없는 일로 취급해서야 되겠는가? 외국어와 음악 등의 소양을 쌓은 엄마는 구태의연한 선입견을 가진 유모의 도움 아래 아이의 먹거리, 옷, 건강을 책임지는 유능한 감독이 된 셈이다. 한편, 아빠는 다양한 책과 잡지를 섭렵하고, 영농회의와 토론회에 참석하는가 하면 실험도 거르는 법이 없다. 돼지의 살을 찌울 대책을 마련해야 하기 때문이다! 더비 경마[1]에서 우승할 말을 키워 내는 데는 고생을 마다하지 않으면서도, 육상

---

1) the Derby. 영국 잉글랜드의 엡슨 다운스에서 6월 첫째 수요일에 개최된다. – 옮긴이주

선수를 길러내는 데에는 손가락 하나 까딱할 생각을 하지 않는 격이다. 《걸리버 여행기》에서 걸리버가 라퓨타 섬사람들에게 동물의 새끼를 기르는 비결은 기를 쓰고 배우면서도 정작 제 자식을 기르는 데는 관심이 없다고 핀잔을 주었다면, 얼토당토않은 다른 관행도 문제 삼았을 것이다.

가볍게 볼 문제가 아니다. 이와 대조되는 사실도 그에 못지않게 심각하다. 어느 도발적인 작가에 따르면, 성공하는 인생을 위한 첫째 조건은 '선량한 동물이 되는 것'이고, 국가가 번영하기 위한 첫째 조건은 '선량한 동물이 국가를 이루는 것'이라고 한다. 전시에는 군인의 용기와 전투력이 승전을 결정하는 반면, 상업의 경쟁력은 대개 생산자의 지구력이 성패를 좌우한다. 두 영역에서 다른 민족과 힘겨루기를 해야 할 이유는 아직 찾지 못했다. 국력이 조만간 소진되리라는 경고 메시지도 들은 적이 없다. 하지만 현대사회는 경쟁이 너무 치열한 탓에 피해를 입지 않고는 각자의 본분을 감당할 수가 없다. 이미 수천 명이 극심한 압박에 못 이겨 심신이 쇠약해진 상태다. 압박이 계속 심해지면, 건강에도 심각한 피해를 초래할 공산이 크다. 그래서 아동교육의 중요성이 점차 부각되고 있는 것이다. 눈앞의 경쟁을 위해 정신력을 무장해야 할 뿐 아니라, 엄청난 피로를 감내할 수 있도록 몸도 튼튼해야 하기 때문이다.

다행히 이 문제는 최근 주목받기 시작했다. 예컨대, 찰스 킹즐

리Charles Kingsley의 저작을 보면 상위문화에 대한 반발을 읽을 수 있다(반발이 대개 그렇듯, 지나친 감이 좀 있다). 이따금씩 오가는 서신과 언론인이 신문에 기고한 글에는 체육에 대한 관심이 묻어난다. 이를테면, '강건한 기독교주의muscular Christianity'라는 별칭이 붙은 학교가 설립되었다는 사실은 현행 아동교육이 건강을 충분히 고려하고 있지 않다는 여론을 대변하고 있다. 체육은 지금 토론하기에 제격인 주제다.

어린이집과 학교에서의 식사 및 운동법은 현대 과학이 밝혀낸 정설에 부합하는 것이 바람직하다. 지금이야말로 수년간의 연구를 통해 우양이 얻어 낸 혜택을 아이도 누려야 할 때가 아닌가 싶다. 말을 훈련시키고 돼지에게 사료를 주는 것이 중요하다는 데 이견이 없는 것처럼 남녀를 잘 키우는 것도 매우 중요하므로, 이론이 암시하고 실제로도 검증된 결론을 동물에게든 사람에게든 시종일관 적용해야 할 것이다. 사람과 동물을 한데 엮었다는 점 때문에 놀라거나 불쾌감을 느끼는 사람이 적지 않을지도 모르겠다. 하지만 사람이 하등한 동물과 같이 유기체의 법칙에 종속되어 있다는 것에는 논쟁의 여지가 없는데다, 우리도 인정할 수밖에 없는 사실이다. 해부학자나 생리학자나 화학자에게 물어보더라도 동물의 생존 작용을 관장하는 보편적 원리가 사람에게도 동일하게 적용된다는 주장에는 서슴지 않고 수긍할 것이다. 인정한다고 해서 손해 볼 건 없다. 동물을 관찰하고 실험한 결과로 정립된 법칙이 사람에게도 어느 정도는 보탬이 될 테니 오히려 득이 된다고 봐야 한다. 생명과학에는 모든 유기체(인간도 포함)의 발달을 둘러싼 근본 원리가 담겨 있다. 예전에도 그랬지만, 앞으로의 연구도 이 같은 근본적 원리가 아동 및 청소년을 대상으로 실시하는 체육과 어떤 연관성이 있는지 규명할 것이다.

사료로 전락된 식단

　사회생활 구석구석에서 나타나는 주기적인 성향은 밥상과 젊은이의 식습관에도 영향을 주었다. 주기적인 성향이란 혁명 뒤에 폭정이 사회를 지배하는 것, 개혁 시대와 보수 시대가 번갈아 자리 잡는 것, 방종의 시대가 가면 금욕주의가 오는 것, 경제 활동에서 물가 오름세와 불황이 주기적으로 찾아오는 것, 극단적인 패션을 선호하는 사람이 자신과 상극을 이루는 패션 애호가로 바뀌는 것 등이다. 이를테면 과음과 과식으로 점철된 시대가 가면 비교적 절제하는 시대가 오는데, 금주와 채식주의를 보면 과거의 방종한 삶에 반기를 든 극단적인 모습이 고스란히 담겨 있다. 또한 어른의 양생법이 달라지면 소년 소녀의 양생법도 달라지게 마련이다. 과거에는 아이가 많이 먹을수록 복스럽다며 좋아했고, 전통의 맥이 끊이지 않은 외딴 촌락에서는 지금도 부모가 아이에게 과식을 종용하고 있다. 그러나 절제를 미덕으로 여기는 식자층은 자녀에게 과식보다는 소식을 권하는 것 같다. 또한 동물성 식단을 지향하던 구습에 대한 혐오감은 자신보다 자식을 대하는 태도에서 더욱 두드러지게 나타난다. 겉으로는 금욕주의를 표방하지만 식탐이 이를 막기 때문에 아이에게 규칙을 정하겠다는 것이다.

알다시피 과식과 소식은 지나치면 둘 다 해롭다. 둘 중에는 소식이 더 위험하다. 전문가의 말을 빌리자면, "잦은 과식은 영양실조보다 덜 위험하면서도 더 쉽게 고칠 수 있다"고 한다.[2] 아울러 지혜롭게 손쓰면 과식하는 일은 거의 없다. 또한 "과식은 미성년자보다는 성인에게 주로 일어나는 성인의 그릇된 습관에 가까우며, 부모가 잘못 기르지 않으면 대식가나 미식가가 나올 리는 거의 없다"[3]고 한다. 많은 부모가 필요하다고 생각하는 식탐절제는 부적절한 관찰과 그릇된 추측에서 비롯된 것이다. 예컨대 어린이집도 그렇지만 미국 역시 자잘한 규정이 많은데, 그중 음식의 양을 제한한 점은 가장 해로운 규정으로 꼽힌다.

"그럼 아이가 과식하게 내버려 두란 소립니까? 배 속을 가득 채웠다가 탈이라도 나면 어쩌려고요?"라는 질문은 한 가지 답변

---

2) 《생활의학 백과사전(Cyclopædia of Practical Medicine)》(1832년에 첫 출간된 영국의 의학 전문 저널—편집자주).

3) 《생활의학 백과사전》.

에만 수긍하면서도 문제의 핵심을 지적하는 물음이다. 필자가 주장한 바와 같이, 입맛은 동물은 물론, 유아의 좋은 길잡이가 되기도 한다. 허약한 사람이나 다른 지역에 사는 인종에게도 그런가 하면, 건강한 삶을 영위하려는 모든 성인에게도 바람직한 길잡이가 되므로, 아동에게도 길잡이도 된다는 추측이 무리는 아닐 것이다. 아동에서는 그렇지 않다면 좀 이상하지 않겠는가?

많은 독자가 필자의 주장에 조바심을 내며 반박할지도 모르겠다. 반증이 되는 사실을 인용할 수 있다는 생각에서 말이다. 하지만 앞서 열거한 사실의 관련성을 부인하는 것이 더 말이 안 된다. 변론도 얼마든지 가능하다. 사실, 사람들이 알고 있는 과식의 사례는 대개가 합당해 보이는 규제의 결과로 볼 수 있다. 즉, 다소 금욕적인 양생법이 낳은 감각적 대응이랄까. 이러한 결과는 어릴 적 규율이 엄격했던 사람이 돌연 방종해진 사실에서 찾을 수 있다. 수녀원에서도 극단적 금욕주의자가 돌연 악마로 타락하는 경우가 심심치 않게 벌어진 바 있다. 욕구불만이 장기간 지속되면 걷잡을 수 없을 만큼 포악해지는 법이다. 아이의 입맛과 주전부리를 생각해 보라. 아이는 대개 사탕을 좋아한다. 100명 중 99명은 미각의 만족에 가장 높은 점수를 줄 것이다. 물론 미각도 다른 욕구와 마찬가지로 나중에는 시들게 마련이다. 그러나 어느 권위 있는 생리학자의 주장에 따르면, 달콤한 것에 길들여진 입맛에는 통설보다 더 많은 의미가 내포되어 있다고 한다. 예컨대 사카린과 지방이 높은 물질은 둘 다 체내에서 산화되는데, 이때 열이 발생한다. 당은 다른 화합물이 열을 방출하는 영양소로 활용되기 전에 환원된 것을 가리킨다. 프랑스의 생리학자 클로드 베르나르Claude Bernard는 탄수화물이 소화 과정에서 당이 되고, 다른 음식물이 당으로 바뀌는 공장이 간이라는 사실을 입증했다. 아이라면 대개 열량이 높은 영양소에 끌린다는 점에 대해, 필자는 아이가 산화 과정에서 과도한 열을 방출하는 영양소(이를테면 지방)를 싫어한다는 사실에 역점을 두었다. 그러자 한 영양소의 잉여분이 다른 영양소의 부족분을 보충해 준다는 사실을 찾을 수 있었다(이를테면 유기체는 많은 지방을 처리할 수 없기 때문에 더 많은 당을 필요로 한다는 것이다). 아이들은 식물성 산을 아주 좋아한다. 과일은 뭐든 잘 먹는다는 이야기다. 딱히 먹을 만한 과일이 없으면 설익은 구스베리gooseberry나 시큼한 크랩애플Crabapple도 마다하지 않고 즐길 것이다. 식물성 산은 무기산과 마찬가지로 매우 훌륭한 원기회복제가 된다. 지나치게만 먹지 않으면 몸에도 좋고, 가공하지 않고 섭취하면 금상첨화다. 앤드류 쿰Andrew Combe에 따르면, "익은 과실은 여기(영국)보다는 유럽 대륙에서 더 쉽게 얻을 수 있는데, 장이 좋지 않을 때 먹어 두면 속이 좀 편해진다"고 한다. 하지만 알다시피 아이의 입맛과 부모(혹은 교사)가 주는 먹거리는 서로 다르다. 이처럼 쌍방의 욕구가 상충하기 때문에 청소년 체질에 필요한 것이 무엇인지 밝혀야 하는 것이다. 어린이집도 이를 외면하고 있다. 아이가 좋아하는 입맛은 일단 금하는 분위기니 그렇다. 예컨대 아침에는 빵과 우유를 먹이고, 밤에는 버터 바른 빵과 차나 그에 못지않게 맛이 없는 규정식을 먹일 것이다. 입맛에 맞는 음식은 필요치도 않거니와, 먹여서도 안 된다는 심산이다. 그러면 어떤 결과가 벌어질까? 잔칫날 마음 가는 것에 무한정 손을 댈 수 있게 된다면, 즉 용돈을 넉넉히 받아 제과점 창에 비친 빵과 과자를 마음껏 사거나, 우연히 드넓은 과수원에 발을 들이게 된다면 오랫동안 거부된 탓에 더욱더 절실해진 식욕이 과식으로 이어지지 않겠는가? 과거의 금욕에서 해방되었을 뿐 아니라, 내일부터가 기나긴 사순절[4]이라는 생각에, 계획에는 없던 잔치가 벌어지게 마련이다. 이때 과식의 폐해가 눈에 띨라치면, 아이를 방치해선 안 된다는 주장이 제기될 것이다. 강한 규정의 결과로 생긴 폐해가 되레 그 규정을 강화해야 한다는 증거로 인용되는 꼴이다! 그러므로 필자는 개입을 정당화할 때 으레 적용하는 근거가 불순하다고 본다. 아이들이 생리적으로 필요한 만큼 맛있는 먹거리를 매일 즐길 수 있다면 과식은 거의 하지 않을 것이다. 요즘에는 기회가 되면 많이들 먹지만 말이다. 쿰 박사의 말마따나 '과일을 규칙적으로 섭취한다면(간식

---

4) 성 수요일부터 부활절 전날까지의 40일을 가리키며, 이 기간에는 기독교인이 예수의 고행을 기념한다. — 옮긴이주

이 아니라 주식과 곁들여 먹는다면)' 알로에나 크랩애플 같은 과일을 먹고 싶어 할 사람은 아무도 없을 것이다. 다른 경우도 마찬가지다.

아이의 입맛을 믿어야 하는 이유는 확실한 데 반해, 그러지 말아야 할 이유는 타당하지 않다. 딱히 그럴싸한 가이드라인도 없다. 그렇다면 또 다른 규제위원인 부모의 판단력은 얼마나 믿을 수 있을까? 밥을 더 달라는 올리버에게 엄마나 가정교사가 안 된다고 대꾸한다면 이를 뒷받침하는 근거는 무엇인가? 엄마는 아이가 먹을 만큼 먹었다고 생각했을 것이다. 하지만 그렇게 생각하는 근거는 무엇인가? 아이의 위에 대해 우리는 모르는 뭔가를, 예를 들면 몸이 부족한 것을 감지할 수 있는 직관력이 있는 것일까? 그렇지 않다면 틀릴 리 없다고 확신하는 근거는 무엇인가? 얽히고설킨 수많은 원인 때문에 몸이 음식을 찾는다는 사실도 엄마는 모르고 있지 않은가? (몸이 원하는 음식은 온도와 습도에 따라 다르고, 전자의 흐름에도 영향을 받는가 하면, 운동 여부에 따라 달라지기도 한다. 또한 음식의 종류와 영양가뿐 아니라, 앞서 섭취한 음식과 그것이 소화되는 속도에 따라 달라지기도 한다.) 무작위로 조합된 원인의 결과를 어떻게 예측할 수 있단 말인가? "어느 정도만 줘야 한다는 기준이 있을 수는 없지요. '이 정도면 되겠지'라는 단정은 어디까지나 추측일 뿐이고, 추측은 옳을 수도 있지만 틀릴 수도 있잖아요. 추측을 믿진 않기 때문에 아이가 마음껏 배를 채우게 하지요." 다섯 살배기 사내아이(또래 평균키보다 약 20센티미터 정도 더 크고 몸이 튼실한 데다 성격도 밝고 활달하다)

의 아빠가 들려준 말이다. 부정적인 결과를 탓하며 그의 소신을 판단하는 사람은 그만의 교훈을 받아들이기 어려울 것이다. 자녀의 식사량에 대해 확신을 갖고, 그 기준을 정한 부모는 생리의 원리를 잘 모른다는 사실을 밝힌 셈이다. 인간의 생리를 좀 더 알았더라면 겸손했을 테니 말이다. '과학의 자부심은 무지의 자부심에 비하면 겸손에 가깝다.' 인간의 판단력보다는 만상의 예정된 질서를 더 믿어야 하는지 궁금하다면, 경험이 부족한 의사의 경솔한 태도와 베테랑 의사의 진중한 태도를 대조해 보거나, 존 포브스John Forbes 경이 쓴 《치료의 본질과 기술On Nature and Art in the Cure of Disease》을 읽어 보라. 생명의 법칙을 아는 만큼 자신은 덜 믿고, 자연은 더 믿게 된다는 사실을 깨달을 것이다.

식단의 '양'에서 '질'의 문제를 따져 봐도 금욕적인 성향을 체감하게 된다. 대개는 한정된 메뉴와 칼로리가 낮은 식단이 아이에게 바람직하다고 생각한다. 아울러 동물성 식품은 가급적 적게 섭취해야 한다는 것이 요즘 통념이다. 중산층 이하는 경제적 형편이 (고가의 동물성 식품을 줄이고자 하는 마음이 통념을 부추긴 것이다) 주된 요인인 듯싶다. 고기를 먹일 형편은 못 되는 탓에 아이가 고기를 먹고 싶다고 하면 "애가 고기 먹으면 못써"라고 받아치는 것이다. 처음에는 간단한 변명거리였지만 자주 반복하다 보니 어느덧 통념이 되고 말았다. 반면, 경제적 형편이 문제되지 않는 계층까지 그렇게 된 까닭으로는 저소득층에서 자란 보육교사의 영향과 동물성 식단에 대한 반감을 꼽는다.

하지만 이 같은 견해의 근거를 묻는다면 찾을 수 있는 답은 거의 없거나 아주 없다. 포대기가 필요하다는 주장이 수천 년을 이어 온 것처럼, 증거는 없지만 너도나도 반복해서 받아들이다 보니 신념으로 굳어진 것이다. 물론 육류는 유미즙[5]이 될 수 있도록 잘게 씹어야 하지만, 아이는 아직 근력이 발달하지 않아 위에 무리를 줄 수 있을지도 모른다. 하지만 그런 반론은 섬유질을 얻어 온 동물성 음식에 반기를 든 것이 아닌데다, 근력이 발달하는 두서 살배기 아이에게는 적용되지 않는다. 아주 어린 아이라면 어느 정도 타당한 증거가 나올 수도 있겠지만, 통념대로라면 결정적인 부작용이 따를 것이다. 과학적 소견은 통설과는 정반대다. 둘째가라면 서러워할 생리학계의 권위자와 저명한 의사 두 사람에게 같은 문제를 제기해 봐도 결론은 같았다. 성인이 먹는 것보다 영양가가 높은 음식을 먹여야 한다는 것이다.

근거가 자명하므로 논리도 단순하다. 성인과 아이의 물질대사를 비교해 보면, 성인보다는 아이에게 더 많은 영양이 공급되어야 한다는 사실을 금방 알게 될 것이다. 사람은 왜 음식을 섭취해야 할까? 몸은 매일 소모된다. 근력을 쓰기도 하고, 두뇌 활동

---

5) 섭취한 음식물이 위에서 소화되면서 반액상의 무색이나 담황색 물질로 변한 것. – 편집자주

으로 신경계가 소모되는가 하면, 대사로 장도 소모된다. 이때 소모된 조직은 재생 과정을 거친다. 또한 몸은 항상성을 유지하기 위해 매일 대량의 열을 방출하는데, 지속적인 생명 활동을 위해서는 체온이 유지되어야 하기 때문에 방출된 열만큼 열이 생성되어야 한다. 음식의 성분이 끊이지 않고 산화되는 것도 바로 이때문이다. 매일 소모된 에너지와 손실된 열을 보충·공급하는 것이 성인이 음식을 섭취해야 하는 유일한 목적이다. 그렇다면 아이는 어떨까? 아이도 활동으로 몸의 구성원을 소모하므로, 가만히 있지 못하는 아이의 습성에 주목한다면 몸집을 감안했을 때성인 못지않은 에너지를 소모한다는 점을 알게 될 것이다. 아이도 열을 방출한다. 몸무게 대비 표면적이 성인보다 커, 열 손실속도가 더 빠르기 때문에 열을 내는 영양식을 성인보다 더 많이섭취해야 한다. 생명 활동이 성인과 같더라도, 체구에 따라 많은영양소가 필요할 것이다. 몸을 키우고 열을 유지하는 일 외에 조직을 만드는(배양하는) 것도 아이의 몫이다. 잉여 영양소는 소모된열과 에너지를 보충한 뒤, 골격을 강화하는 데 쓰인다. 잉여 영양소가 있어야 정상적인 발달이 가능하다(잉여 영양소 없이 자라면 성장이 제대로 이루어지지 않아 몸이 쇠약해지기 십상이다). 잉여 영양소가 필요하다는 증거를 더 대라면, 배가 난파되거나 천재지변으로 먹을 것이 없을 때 아이가 먼저 죽는다는 사실을 일러두겠다.

아이에게 영양소가 상대적으로 더 필요하다는 사실을 인정하고 나면, 이를 위해 영양가가 낮은 음식을 넉넉히 먹일지, 영양가가 높은 음식을 적당히 먹일지가 문제다. 고기에서 얻을 수 있는 영양소를 빵에서 섭취하려면 그보다 많은 양이 필요할 테고, 감자에서 섭취하려면 빵보다는 훨씬 더 많이 먹어야 할 것이다. 영양가가 낮을수록 양을 늘려야 조건을 만족시킬 수 있다는 것이다. 그렇다면 한창 자라는 아이에게도 성인이 먹기에 적당한 만큼을 줘야 할까? 좋은 음식이어도 위가 처리해야 할 일이 많은데, 군이 영양가가 떨어지는 음식의 양을 크게 늘려 위를 혹사시킬 필요가 있을까?

답은 아주 분명하다. 소화에 부담을 덜수록 발달과 활동을 위해 비축되는 에너지가 많아지게 마련이다. 위와 장은 혈액과 신경 에너지가 대거 공급되지 않으면 가동될 수 없다. 포식 후에 몸이 나른해지는 것은 혈액과 신경 에너지가 그만큼 소모되고 있다는 증거이기도 하다. 영양가가 떨어지는 음식을 다량으로 섭취하여 필요한 영양소를 얻는다면 적당한 양의 영양식을 섭취했을 때보다 장에 더 많은 부담을 줄 수밖에 없다. 알다시피 부담이 가중되면 이로울 게 없다. 아이일 경우에는 체력이 부족해지거나 발육이 더디거나 혹은 체력과 발육 모두 문제가 될 것이다. 그러므로 가급적이면 영양가도 높고 소화도 잘 되는 식단을 선택해야 한다.

남녀를 불문하고 아이들이 채식을 하며 자랐으리라는 것은 의심할 여지가 없는 사실이다. 상류층에는 육류를 거의 섭취하지 않아도 건강하게 자란 듯해 보이는 아이가 더러 눈에 띄고, 노동자의 아이는 동물성 음식을 거의 먹지 않지만 그래도 성숙한 어른이 된다. 이 같은 사실은 얼핏 보기에는 필자의 지론과 상반된 듯하지만, 이에 무게를 두는 사람은 없다. 이에 대한 이유로 첫째, 일찌감치 빵과 감자로 끼니를 때운 사람들이 튼실하게 성장하지 못하기 때문이다. 영국의 농부와 신사 혹은 프랑스의 중산층과 하층민을 비교해 보더라도 채식에 손을 들어 주지 않는다. 둘째, '체격'도 그렇지만 '체력'도 중요한 문제다. 무르고 늘어진 피부는 단단한 피부와 별 차이가 없어 보인다. 자세히 살펴보지 않으면 피부가 늘어진 아이도 매끈한 아이와 별반 다를 게 없지만, 체력을 보면 확연히 차이가 난다. 비만인 성인은 체력이 약하다는 인상을 주지만, 체중은 운동을 하면 빠지게 되어 있다. 즉, 아이의 외모가 결정적인 문제는 아니라는 것이다. 셋째, 몸의 크기와 에너지도 따져 봐야 한다. 육류를 섭취하는 아동과 빵, 감자가 주식인 아동은 이 두 가지 측면에서 뚜렷이 대조된다. 풍부한 영양소를 섭취한 아동은 그러지 못한 아동보다 신체적 · 정신적 활동이 더 왕성하다.

종이 다른 동물이나 인종을 비교하거나 혹은 먹이와 주식만 다른 동물이나 인종을 비교해 보더라도 '영양소가 에너지를 결정한다'는 증거는 명백하다.

풀처럼 영양이 부족한 먹이에 의존하는 소는 섭취해야 할 양이 많기 때문에 소화기관이 클 수밖에 없고, 네 다리는 몸집에 비해 작기 때문에 체중이 늘면 부담될 것이다. 또한 육중한 몸을 움직이며 엄청난 먹이를 소화해야 하니 소모되는 힘도 상당해서 많은 에너지를 확보해 두지 않으면 기운이 처지는 탓에 먹이를 더 먹는 것이다. 소와 말을 비교해 보라. 말은 소와 체격은 비슷하지만 영양이 농축된 먹이에 적응한 동물이다. 말의 몸통을 보면, 특히 복부의 비율이 다리에 비해 훨씬 작다는 것을 알 수 있다. 때문에 큼직한 내장을 받치거나 방대한 먹이를 소화하느라 힘이 소진될 일이 없으므로 엄청난 추진력과 활력을 발휘할 수 있는 것이다. 초식동물인 양과 육식동물인 개를 비교해 보면 훨씬 더 큰 차이를 느낄 것이다. 즉, 양은 활동성이 둔한데 반해, 개는 고기나 곡분으로 된 사료를 먹어 활기차 있다. 동물농장을 쭉 돌아다니다 보면 우리 안을 분주히 돌아다니는 육식동물이 눈에 띈다. 그런 왕성한 기운을 보이는 초식동물이 있는지 기억을 더듬어 보라. 먹이의 영양소와 활동성의 관계가 더 뚜렷해지는 대목이다.

혹자의 주장과는 달리, 이러한 차이는 서로 다른 체질보다는 주식이 결정한다. 종種은 같지만 문門은 다른 개체 사이에서 차이가 관찰된다는 사실도 이를 입증한다. 그럼 이번에는 사람을 예로 들어 보자. 호주인과 부시먼 족을 비롯하여 풀뿌리, 산딸기, 곤충 애벌레 등 변변치 않은 먹거리가 주식인 미개 부족은 비교적 신장이 작고 복부가 크며 발육부전으로 근육이 연약한 탓에 지구력이 필요한 힘겨루기에서 유럽인을 이길 수 없다. 카피르인[6], 북아메리카 원주민, 파타고니아인[7] 같이, 체격이 건장하고 민첩한 오지 원주민을 보면 육류를 많이 섭취한다는 공통점을 발견할 수 있을 것이다. 한편, 힌두교를 믿는 인도인들은 주식이 변변치 않아 풍부한 영양소를 섭취하는 영국인을 당해 낼 재간도 없고, 체력과 정신력 또한 열등하다. 세계사를 돌아보더라도 대개는 먹거리에서 영양소가 풍부한 종족이 원기가 왕성하고 세력이 있었다는 사실을 알 수 있다.

먹이의 영양에 따라 체력이 강화된다는 논지는 개별적으로 동물을 근거로 들 때도 힘을 실어 준다. 말의 경우가 그렇다. 풀을 뜯는 말은 살은 붙을지언정 체력은 떨어지게 되어 있다. 힘든 일을 시켜 보면 누구든 동감할 것이다. 말을 초원에 두고 방목하면 근육이 이완되고 만다. 초원은 육류 매장에 거래되는 수송아지에게는 좋지만 사냥을 하는 말에게는 매우 불리한 곳이다. 예부터 전해 내려오는 통설이 있다. 들에서 몇 달간 여름을 보낸 말이 사냥개를 좇을 수 있으려면 마구간에서 그동안 사료를 먹여야 한다는데, 그래도 이듬해 봄이 시작되기 전에는 체력이 따라

---

6) 남아프리카 반투계의 흑색 인종을 가리킨다. - 옮긴이주

7) 아르헨티나 남부의 고원에 사는 원주민. - 옮긴이주

주지 않는다고 한다. 요즘은 애퍼리Apperley[8]가 "특별한 경우가 아니라면 여름철에 말이 초원을 뛰어다니게 해서는 안 된다. 말에게 바깥 구경은 금물이다"라고 한 주장이 통설로 자리 잡고 있다. 즉, 부실한 먹이를 주지 말라는 이야기다. 영양가 있는 먹이를 지속적으로 주어야만 에너지와 지구력을 기대할 수 있기 때문이다. 애퍼리가 입증한 바와 같이, 어지간히 건강한 말에게 영양식을 꾸준히 먹인 결과, 평범하게 사료를 먹인 최고의 명마와 기량이 동일한 것으로 나타났다. 말이 갑절은 힘든 수고를 감당해야 할 때에는 말에게 평소에 먹는 귀리보다, 질소의 비율을 높인 사료를 먹인다.

인간의 사례를 보면 앞선 경우만큼 혹은 훨씬 더 공감하는 바가 클 것이다. 필자는 체력의 중요에 대해 훈련 중인 운동선수가 아니라(물론 운동선수가 섭취하는 식단에도 완벽히 적용된다), 철도 도급업체와 고용 인부의 경험을 들려줄 참이다. 육류를 즐겨 먹는 영국 인부는 주식이 부실한 유럽 인부에 비해 능률이 훨씬 더 높다는 것이 수십 년을 이어 온 통설이다. 때문에 유럽 철도회사와 계약한 영국 도급업체는 그동안 자국인 인부를 고용해 왔다. 인종이 아니라 먹거리가 다른 까닭에 능률이 월등히 높다는 것이 최근에 밝혀지자, 유럽 인부도 영국인의 생활양식을 모방하면서 능률이

---

8) Charles James Apperley, 님로드(Nimrod)의 본명. - 편집자주

영국 인부 수준과 다소 가까워졌다. 참고로 6개월간 육식을 삼가고 채식을 고집해 본 결과, 심신의 에너지가 모두 감소했다는 개인적인 증언도 덧붙일까 한다.

앞서 열거한 증거가 아이의 식단에 대한 필자의 논지를 분명히 뒷받침해 주고 있지 않은가? 이러한 증거는 영양이 부실한 식단으로 영양식 못지않게 신장과 체구가 발달한들 신체 조직의 질은 현저히 떨어진다는 점을 암시하고 있지 않은가? 발육과 에너지라는 두 마리 토끼를 다 잡으려면 영양이 풍부한 식단만이 그것을 가능케 한다는 입장을 분명히 밝히고 있지 않은가? 운동이나 두뇌 활동에서 기대할 바가 거의 없는 아이라면 곡분을 먹여도 그다지 지장은 없겠지만, 근력 운동과 두뇌 활동으로 소진된 에너지를 보충해야 할 아이라면 영양식의 비중을 늘려야 한다는 결론이 나오지 않는가? 영양식을 먹이지 않으면 발육, 운동 혹은 두뇌 활동에 무리가 된다는 것이 당연한 결론이지 않나 싶다. 논리적인 지성인이라면 여기에 이의를 제기하지 않을 것이다. 혹시라도 그러는 사람이 있다면 영구기관[9]을 고안한 사기꾼의 오류를 그럴듯하게 [무(無)에서 동력을 얻을 수 있다는 거짓으로] 포장하려는 심산일 것이다.

---

9) 외부에서 동력을 전달받으면 에너지를 공급하지 않고도 영원히 작동한다는 가상의 기관을 일컫는다. - 옮긴이주

식단을 둘러싼 문제를 접기 전에 '골고루'라는 필수 조건에 대해서도 몇 마디 나눌까 한다. 어린이의 규정식에는 '골고루'가 없어 문제가 많은 편이다. 군인은 그렇지 않겠지만, 아이들은 '20년째 소고기 수프'를 먹어야 하는 저주에 걸리지 않았어도 단조로운 식단에 길들어져 있다. 한두 가지 식단을 지나치게 고집하거나, 그것이 오랜 기간 지속되는 것은 아니지만 어쨌든 건강에 어긋난다는 점은 분명하다. 저녁 식사에서는 어느 정도 골고루 먹을 수도 있고 메뉴도 매일 달라진다. 하지만 몇 주와 몇 달, 몇 해가 지나고 나면, 아침은 우유와 빵이나 오트밀로 통일될 수도 있다. 하루가 끝나면 이튿날에는 빵과 우유의 두 번째 버전으로, 버터 바른 빵에 차를 곁들이게 될지도 모르겠다. 생리 법칙과 대립되는 식사 문화다. 견해가 다른 사람도 많겠지만, 자주 나오는 요리에 싫증을 내고 오랜만에 맛보는 요리에 쾌감을 느끼는 것도 제 나름대로 의미가 있다. 식단을 골고루 짜게 되는 자극제가 된다고나 할까. 아무리 좋은 음식도 한 가지만으로는 정상적인 생명 활동에 필요한 영양소를 적당한 비율로 제공할 수 없다는 것이 숱한 실험을 통해 정립된 사실이다. 즉, 영양소의 균형을 잡는 데는 메뉴를 바꾸는 것이 바람직하다는 이야기다. 정말 좋아하는 먹거리가 주는 쾌감은 일종의 신경 자극제로서 심장박동과 혈류속도를 증가시켜 소화 촉진에 도움이 된다. 생리학자는 잘 아는 사실이며, 또한 이러한 사실은 현대 축산농가의 금언

(가축에게 사료를 바꿔가며 주어라)과도 일맥상통한다.

사료를 주기적으로 바꿔 주는 것뿐 아니라, 같은 이유로 때마다 먹이를 섞어 주는 것도 매우 바람직하다. 영양 성분의 균형이 잡히고 신경 자극이 커지는 것은 예나 지금이나 유익하다. 몇 가지 사례를 묻는다면, 프랑스식 석찬을 꼽을 수 있다. 양도 많고 종류도 다양하지만 위가 무리 없이 소화할 수 있다. 아무리 훌륭한 요리라도 딱 한 가지를 그만큼 소화해 낼 수 있다고 말할 수 있는 사람은 거의 없을 것이다. 몇 가지 예를 더 듣고 싶다면, 가축 관리에 대한 책을 보면 된다. 가축은 여러 성분이 적절히 배합된 사료를 먹을 때 발육이 촉진되는데, 이는 과학도가 오래전에 정립한 사실이기도 하다. 고스Goss와 스타크Stark는 실험을 통해 소화에 가장 잘 적응된 화합물을 만들어 내기 위해서는 영양 성분이 골고루 섞인 사료를 먹이거나 혹은 그러면 좋다는 결정적인 증거를 제시했다.[10]

많은 사람이 그러겠지만, 아이를 위한 식단을 자주 바꾼다거나 끼니마다 골고루 먹여야 한다는 것이 너무 번거롭다는 이유로 이를 반대한다면, 아이의 두뇌 발달과 훗날 행복한 삶을 영위하기 위해 필요한 신체 발달은 그리 번거로운 일이 아니라고 응수할 것이다. 그런데 돼지의 살을 부풀리기 위해서는 수고를 아

10) 《해부학 · 생리학 백과사전(Cyclopædia of Anatomy and Physiology)》.

끼지 않으면서 정작 자식을 기르는 일을 고생이라고 치부하면 너무 이상하지 않겠는가!

필자의 처방을 선택한 사람들에게 주의 사항도 전달해야 하니 한 단락을 또 써야겠다. 식단을 갑자기 바꿔선 안 된다는 조언을 들려주려는 것이다. 부실한 음식을 계속 주면 소화계가 약화되는데, 이때 영양가가 높은 먹이가 갑자기 유입되면 소화 기능이 마비될 수 있다. 부실한 영양 자체가 소화불량의 원인이며, 동물도 예외는 아니다. 탈지유나 유청 등, 부실한 사료를 먹은 송아지는 소화불량에 걸릴 공산이 크다.[11] 따라서 에너지가 약할 때는 양을 조금씩 늘려야 할 것이다. 기운이 증진되면 영양소를 늘려도 좋다. 또한 영양소가 지나치게 농축되지 않았는지도 늘 주의해야 한다. 소화기관의 크기는 영양 상태가 부실한 미개한 족속보다 영양식을 섭취하는 문명인이 더 작은데, 앞으로는 더 작아질 것이다. 이를 감안해 볼 때, 아이들이 끼니마다 영양가가 높은 음식을 '다양하고도' '넉넉히' 섭취해야 한다는 것이 필자의 결론이다.

---

11) 존 모턴(John C. Morton)이 쓴 《영농 백과사전(Cyclopædia of Agriculture)》.

금욕주의의 거짓된 매력

그리 바람직한 현상은 아니지만, 음식도 옷과 마찬가지로 사회에서 쓰이는 양이 점차 줄어들고 있다. 이때도 금욕주의가 서서히 모습을 드러낸다. 일설에 따르면, 인간의 감각을 외면해야 한다고 한다. 명확한 공리로 확립된 것은 아니다. 감각은 길잡이가 아니라 우리를 오도하기 위해 존재한다는 가설인데, 널리 확산된 듯싶지만 이 말에는 심각한 오류가 있다. 인체에는 유익한 점이 상당히 많다. 몸에 문제가 생기는 까닭은 감각에 충실해서가 아니라, 그 반대이기 때문이라야 옳다. 이를테면 배가 고플 때 끼니를 때우는 것이 아니라, 식욕이 없을 때 배를 채우는 것이 화근이 된다는 말이다. 갈증이 날 때 물을 마시면 문제가 없지만, 갈증이 해소된 후에도 계속 마셔대면 탈이 나게 마련이다. 신선한 공기를 들이마셔서가 아니라, 폐가 저항하는데도 오염된 공기를 계속 들이마시니 병이 나는 것이다. 또한 아이를 보면 알 수 있듯, 문제는 자연이 강력히 권하는 것에서가 아니라, 자연의 충고를 계속 무시하는 데서 벌어지게 되어 있다. 두뇌 활동도 자율적으로 즐길 때 해가 되는 것이 아니라 열이 나거나 아파서 두뇌가 중단을 명령하는데도 아랑곳 않고 두뇌를 쓰는 것이 문제고, 기분 좋은 수고가 화근이 아니라 몸이 지치는데도 계속 무리하니 탈이 나는 것이다. 사실, 건강을 해치는 생활이 장기간 이어진 사람이라면 감각이 믿을 만한 길잡이가 되지 못한다. 수년간 두문불출하며 운동은 거의 하지 않은 채 두뇌 운동만 열심히 하고, 배가 고프건 말건 끼니때를 칼 같이 지킨 사람은 감각이 손상되어 그릇된 선택을 할 공산이 크다. 이처럼 비정상적인 상태는 감각을 따르지 않은 결과로 봄직하다. 소싯적부터 '몸이 시키는 일'을 고분고분 따랐더라면 감각은 지금도 믿음직한 길잡이가 되었을 것이다.

무엇보다 길잡이 노릇을 톡톡히 하는 주인공은 냉열에 대한 감각이다. 이런 감각에 주의하지 않는 아동복을 아이에게 입혀선 안 된다. '내한성 강화'를 운운하는 사람들이 많은데, 이는 매우 그릇된 망상에 불과하다. 내한성을 높이다가 세상을 떠나는 아이가 비일비재한데다 목숨을 부지한 아이도 성장이나 체질에 문제가 생기기 때문이다. 쿰 박사는 "일단 외모부터 허약해 보이니 폐해를 충분히 짐작할 수 있을 테고, 병치레도 잦으니 지각이 없는 부모에게도 경종이 될 것"이라고 말한다. 내한성 강화는 수박 겉핥기식 이론이다. 소작농의 어린 자녀가 옷을 제대로 걸치지 않고 야외에서 뛰노는 모습을 부잣집 부모가 보면, 과다 노출로 체온이 떨어지는데도 뛰어논다며 노동자가 대체로 건강하다는 오해를 하기 쉽다. 그래서 제 자녀도 그런 식으로 입혀 밖에 내보낼 것이다! 놀이로 하루를 보내고, 매일 상쾌한 공기를 마시고, 과중한 두뇌 활동으로 몸이 망가질 일은 없으니까 마을 녹지를 뛰어다니는 아이에게는 그런 환경이 유리하다는 것을 망각한 까닭이다. 그렇게 보이진 않겠지만, 아이가 옷을 허접하게 입었기 때문이 아니라, 그렇게 입었어도 건강하다고 해석해야 옳다. 아울러, 체온을 잃어도 피해가 불가피하다는 결론 또한 맞다고 본다.

체질이 건강하더라도 체온이 떨어지면 내한성은 강화될지언정 발육은 저하되고 만다. 사람뿐 아니라 동물을 봐도 알 수 있는 사실이다. 영국 셰틀랜드Shetland산 조랑말은 남부 지방 말보다 혹독한 기후에 강하지만 체구가 왜소하고, 산악지대에서 자란 우양은 기온이 낮은 곳에서 자라서인지 영국산 품종에 비해 몸집이 작다. 극지방에 사는 인종도 평균키에는 훨씬 못 미치게 작은데, 이를테면 라플란드인과 에스키모인 역시 신장이 매우 작다. 찰스 다윈Charles Robert Darwin은 위도상 기온이 낮은데도 나체로 생활하는 티에라델푸에고Terra del Fuego 사람들을 가리켜 같은 사람이라고는 도저히 믿기지 않을 정도로 외모가 흉측하고 키가 작았다고 밝혔다.

과학계는 열의 방출로 왜소해진 체구를 설명하면서, 음식을 비롯한 다른 조건이 동일하다면 열의 방출은 불가피하다는 점을 입증했다. 앞서 지적한 바와 같이, 몸이 방출한 열을 보충하기 위해서는 음식의 일부를 구성하는 물질이 끊임없이 산화되어야 하는데, 이때 산화되는 물질은 손실되는 열에 비례한다. 하지만 소화력에는 한계가 있기 때문에, 체온을 유지하는 데 필요한 물질을 대량으로 조성해야 한다면, 골격을 형성하는 데 투입되는 물질은 소량에 그칠 것이다. 에너지를 얻는 데 지나치게 많은 물질이 소모된다면 다른 목적에 쓰이는 물질은 상대적으로 적을 수밖에 없다. 때문에 체격이 왜소하거나 신체 구조가 열등한 것이다.

옷이 중요한 이유가 여기에 있다. 독일 화학자인 리비히Justus Freiherr von Liebig에 따르면, "옷은 체온과 관련해서는 먹는 음식과 같다"고 한다. 열의 손실을 낮추면 체온을 유지하는 데 필요한 에너지가 줄어들고, 이때 위는 부담이 줄어 다른 물질을 마련하는 데 더 많은 일을 할 수 있게 된다. 가축을 길러 본 사람이라면 누구나 이를 확증할 수 있을 것이다. 지방이나 근육 혹은 발육에 필요한 에너지가 추위를 견디는 데 소모되는 셈이다. 살이 붙고 있는 소가 추위에 노출되면 발육이 늦어지거나 먹이의 소모량이 더 늘어날 것이다.[12] 애퍼리는 말의 건강을 유지하려면 마구간의 온도를 따뜻하게 유지해야 한다고 역설했다. 추위를 피해야 한다는 것은 경주마를 기르는 사람에게는 상식과도 같다.

인종학이 입증하고 영농학자와 운동선수가 인정한 과학적 사실 또한 아이에게 충분히 적용된다. 아이의 체구가 작고 발육 속도가 빠를수록 추위의 피해가 크다는 것이다. 예컨대, 프랑스에서는 출생신고를 위해 시청에 가던 중에 신생아가 사망하는 사건이 비일비재했다. 벨기에의 통계학자 케틀레Lambert Adolphe Jacques Quetelet가 지적했듯이, 벨기에에서는 아기가 1월과 7월에 각각 두 명과 한 명꼴로 목숨을 잃는다. 특히 러시아는 영아 사망률이 매우 높다. 성인이 될 무렵에도 몸이 아직 온전히 발달한 것이 아니기 때문에 추위를 감당하기가 버겁다. 젊은 군인이 괴로운 전쟁을 치를 때 너무도 쉽게 투항하는 것을 보면 이를 알 수 있다. 근거는 명확하다. 표면적과 부피의 관계 때문에 미성년자가 성인보다 손실되는 열이 더 많다는 점은 이미 언급한 바 있다. 이번에는 아이가 감당해야 할 불리한 조건을 지적할까 한다. 레만c. G. Lehmann은 "어린이와 어린 동물이 배출하는 탄산을 체중별로 산정해 보면 아이(새끼)가 어른(어미)보다 탄산을 약 두 배나 더 배출한다"고 주장했다. 배출된 탄산은 생산된 열량에 따라 다르므로,

---

12) 존 모턴, 《영농 백과사전》.

불리한 환경이 아니더라도 아이에게 열을 발생시키는 데 필요한 물질을 두 배는 더 제공해야 한다는 결론이 나온다.

이제 옷을 대충 입히는 것이 얼마나 어리석은 일인지 실감하겠는가? 몸이 다 발달한 아빠는 열을 빼앗기는 속도가 아이보다 더딘 데다, 생리적으로도 열을 낭비할 필요가 없다. (아빠는 아이가 목과 팔다리를 훤히 드러낸 채 돌아다녀도 그냥 내버려 둔다. 도대체 뭐가 좋아서 그러는 걸까?) 하지만 아빠는 저도 움츠러들 법한 고통을, 감당해 내기가 버거운 아이에게 강요하고 있으며, 설령 강요하진 않더라도 이를 묵묵히 방관하고 있는 실정이다. 체온을 유지하느라 애먼 영양소를 낭비하면, 에너지를 유지하고 골격을 강화하는 데 투입되어야 할 영양소가 그만큼 깎인다는 사실을 명심하라. 설령 추위나 과로 등의 장애를 극복하더라도 신체 발육에는 지장이 불가피할 것이다.

"**그러므로 몸이** (조금 춥더라도) **추위에 넉넉히 대비할 수 있도록** 각자에 맞는 종류와 수대로 옷을 입혀야 한다. 사시사철 똑같은 옷은 곤란하다." 쿰 박사는 중요한 어구를 볼드체로 표시했다. 이러한 원칙에 과학도와 의사 모두 동감한다. 유력한 권위자들은 그동안 아이의 팔다리가 노출되는 것을 강력히 반대해 왔다. 마땅히 외면해야 할 '해로운 관습'은 이를 두고 하는 말이다.

말도 안 되는 유행에 얽매여 아이의 발달에 심각한 문제를 초래하고 만 엄마를 보면 개탄스러울 따름이다. 프랑스인이 시작한 악습에 맞장구를 쳐주는 것도 잘못이지만, 19세기 패션 잡지인 《아가씨가 보낸 작은 편지Le petit Courrier des Dames》에나 나올 법한 드레스를 아이에게 입히는 건 더더욱 할 짓이 못된다. 몸이 불편하면 병이 잦아지고 발육이 늦거나 원기도 떨어질 수 있다. 심각하면 돌연사하는 경우도 비일비재하다. 프랑스식 패션이 규정한 크기와 원단으로 옷을 제작해야 한다는 강박증이 불러온 결과다. 엄마는 프랑스 문화에 맞춘답시고 몸을 가릴 듯 말 듯한 옷이나 운동을 방해하는 옷을 입혀 어린 자녀를 체벌하고 있는 셈이다. 눈을 즐겁게 할 요량으로 고른 색상과 원단은 정신없이 뛰어노는 아이들에게 적합할 리 없다. 옷이 망가지면 안 되니 아이는 마음껏 놀지도 못한다. "얼른 일어나지 못해! 옷이 더러워졌잖니." 어른이 마룻바닥을 기어 다니는 장난꾸러기에게 하는 말이다. "거기 가면 안 돼. 스타킹이 더러워지면 어쩌려고!" 보육사가 한 아이에게 언성을 높인다. 강둑에 오르려고 길을 이탈했기 때문이다. 이때 아이가 겪는 피해는 갑절이 된다. 이를테면 무조건 예뻐야 한다는 엄마의 기대에 부응해야 하고, 손님에게도 예쁘게 보여야 하므로 아이는 재질도 불편하고 빈약한 옷을 입을 수밖에 없다. 게다가 쉽게 흠집이 나니 조심히 다루어야 하고, 깨끗이 입어야 하므로 다른 아이들처럼 신나게 놀지도 못한다. 옷이 빈약하면 더 열심히 놀아야 하는데 혹시라도 망가질세라 좀처럼 그렇게 하지 못한다. 부모도 그런 관습이 잔인하다는 사실을 깨달았으면 한다. 허약해진 건강과 부족한 에너지, 그 결과로 인생에 바람 잘 날이 없어 해마다 수천 명이 불행하게 살고 있다. 원칙도 없는 외모지상주의가 판을 치니 불행할 수밖에 없는 것이다. 설령 그러기도 전에 세상을 떠난다면, 말 그대로 엄마의 허영심이라는 '몰록Moloch'[13]에 아이가 제물로 바쳐진 것이리라. 웬만하면 강력한 조치를 권하진 않지만 폐해가 너무도 심각하기 때문에 아빠가 독단적으로 개입해도 무방하며, 또한 그래야 마땅하다고 본다.

결론은 숨이 탁 막힐 정도가 아니라, 추운 감이 없을 만큼 아이에게 옷을 따뜻하게 입히라는 것이다.[14] 또한 얇은 면이나 리넨 혹은 흔히 입는 합성섬유 대신, 단열 효과가 높은 두툼한 모직을 쓰고, 아이들이 마음껏 뛰어놀아도 잘 망가지지 않을 만큼 질기고 변색도 잘 되지 않는 옷을 입혀야 한다.

---

13) 성경에서 암몬(Ammon) 족속이 섬긴 신. 아이를 제물로 바친다. - 옮긴이주

14) 반팔과 반바지를 입어 버릇한 아이는 노출된 피부가 추울 거라는 의식을 버려야 한다. 예컨대, 얼굴은 가리는 일이 거의 없지만 그렇다고 얼굴이 춥다고 생각하는 사람이 없는 것처럼 말이다(야외에 있을 때도 마찬가지다). 물론 감각이 거부하지 않는다고 해서 바람직한 것은 아니다. 푸에고 섬사람들은 알몸에 눈이 닿아 녹아도 대수롭지 않게 여기지만, 그것이 해롭지 않다고 단정할 수는 없다.

숙녀다운 여성은 운동하지 않는다?

　운동이 중요하다는 점은 이제 대다수가 어느 정도는 깨닫고 있다. 사내아이에 대해 이야기하자면, 체육의 필요성은 다른 과목에 비해 굳이 강조하지 않아도 될 듯하다. 공립 및 사립학교에 그럭저럭 넓은 운동장이 있고, 학교측이 야외 활동을 위한 시간을 배정해 둔 데다 야외 활동의 필요성도 공감하고 있기 때문이다. 자연이 아이의 본능을 유리한 쪽으로 자극한다는 점을 사람들이 인정하고 있고, 수업에 야외 레크리에이션을 추가함으로써 지루한 오전·오후 수업을 구분해 주는 요즘 관행을 보면, 학교가 학생의 감각에 규정을 맞춰 나가고 있다는 것을 새삼 느끼게 된다. 그러니 체육에 대한 조언이나 주장이 거의 필요치 않은 것이다.

　필자는 '사내아이에 대해 이야기한다'라는 어구를 두어 운동의 중요성을 인정한다는 주장을 남자아이에 한정했다. 여자아이의 경우라면 사실과 다를 수 있기 때문이다. 마침 남자아이와 여자아이를 비교할 기회가 우연히 찾아왔다. 남학교와 여학교가 모두 근방에 있었는데 이 두 학교는 뚜렷이 대조되었다. 남학교의 경우, 넓은 동산이 대부분 자갈밭이 되어 운동을 위한 공간이 되었고, 체조를 위해 철봉도 설치되었다. 매일 아침 식사 전, 오전 11시 무렵, 정오와 오후, 그리고 방과 후에도 주민들은 사내아이들이 웃고 떠드는 소리에 깜짝 놀라곤 했다. 운동장에 있을 때만은 아이들이 너도나도 게임에 흠뻑 빠져 있다는 사실이 눈과 귀로 증명되었다. 이렇게 놀이에 몰입하다 보면 심장을 비롯한 모든 장기가 건강하게 가동될 것이다. 그러나 '아가씨 학교Establishment for Young ladies'의 분위기는 사뭇 달랐다! 누군가가 알려 주기 전에는 남학교 근처에 여학교가 있었는지조차 몰랐다. 여학교 동산도 넓었지만, 레크리에이션을 즐길 수 있을 것 같진 않았다. 대신, 교외로 나가야 볼 수 있을 법한 잔디밭과 자갈길, 관목 및 화초가 널려 있었다. 5개월 동안 유심히 지켜봤지만, 웃고 떠드는 소리에 관심이 쏠린 적은 없었다. 교과서를 손에 든 채 작은 길을 거닐거나 팔짱을 끼고 산책을 즐기는 아가씨들이 이따금씩 눈에 띄었다.

왜 이리도 차이가 큰 것일까? 여자아이의 체질이 사내아이와는 사뭇 달라 적극적인 운동이 필요 없기 때문일까? 남자아이라면 놀이에 안달하겠지만, 여자아이는 소란스런 놀이가 별로 끌리지 않아서일까? 사내는 놀이가 없으면 정상적인 발육이 어렵기 때문에 자연히 놀이에 대한 욕구를 베풀었지만, 어린 아씨는 (교사를 귀찮게 하려는 목적이 아니라면) 아무런 목적 없이 놀이 욕구를 주었기에 그런 것은 아닐까? 우리는 사내보다 다소곳한 아이를 가르치는 교사의 목표를 오해하고 있는지도 모르겠다. 예컨대 여자의 체격이 너무 튼튼하면 괜스레 꼴불견 같고, 건강하고 활기가 넘치면 왠지 교양 없어 보이기도 한다. 1~2킬로미터도 걸을 수 없을 만큼 나약하고, 세심하지만 까다롭진 않은데다, 수줍음도 탈 줄 알아야 숙녀답다는 선입견을 두고 하는 말이다. 대놓고 그렇다 할 사람은 없겠지만, 그런 모습을 많이 닮은 이상적인 아가씨가 교사의 머릿속을 장악했을 것이다. 하지만 남성의 여성 이상형이 그렇다고 단정하는 것은 심각한 오해다. 남자 같은 여성을 남자가 좋아할 리 없고, 힘이 센 사내의 보호가 필요할 만큼 상대적으로 나약한 점이 아가씨의 매력 포인트라고 한다. 하지만 그러한 차이는 선천적으로, 애당초 존재하는 데다 인위적인 수단이 없어도 차이가 생긴다. 인위적인 수단으로 그 차이를 키우면 매력이 아니라 반감만 느끼게 될 것이다.

"그럼 아가씨가 제멋대로 굴건 말건 그냥 내버려 두고, 사내아이처럼 말썽을 부리다가 말괄량이가 되도 좋단 말씀입니까!" 예의를 지켜야 한다는 사람들이 하는 이야기다. 교사의 두려움이 밴 대꾸처럼 들린다. 동향을 살펴보니, 아가씨 학교에서는 남학생처럼 정신 사납게 놀면 체벌이 따르는 듯싶다. 즉, 숙녀답지 않은 습관이 배지 않도록 소란스런 놀이는 교내에서 삼가야 한다는 것이다. 물론 숙녀가 안 되면 어쩌나 하며 노심초사할 필요는 없다. 남자아이는 뛰어놀게 내버려 둬도 아무 탈 없이 어엿한 신사가 되지 않던가? 하지만 여자아이가 그러면 숙녀가 되는 데 문제가 생긴다며 걱정한다. 왜 그럴까? 친숙한 운동장 놀이가 좀 거칠긴 해도 학교를 졸업하면 길가에서 친구 등을 짚고 뛴다거나, 거실에서 구슬치기에 정신이 팔릴 일은 없다. 교복 재킷을 벗으면 유치한 장난도 더는 하지 않게 되고, 도리어 사내답지 않은 건 피해야 한다는 부담을 느낄 것이다(바보 같은 고민일 때가 종종 있다). 남자의 위엄을 느낄 나이가 되면 철없는 장난을 삼가듯, 숙녀의 위엄도 차차 몸에 배면 계집애나 하는 장난은 그만두게 되는 것이 당연하지 않겠는가? 겉모습은 남성보다 여성이 더 민감하므로, 경박하거나 난폭한 언동을 자제하려는 의지는 더 강할 수밖에 없다. 따라서 교사의 규율이 엄격하지 않으면 숙녀다워지지 않는다는 주장은 어불성설이다!

　다른 경우도 그렇지만, 위의 사례에서도 당국은 인위성이라는 악습을 해결하기 위해 또 다른 인위성을 끌어다 쓰는 우를 범하고 말았다. 누가 강요하지 않아도 자연스레 하게 되는 운동을 금지하여 폐해가 속출하고 나니 궁여지책으로 허울뿐인 제도(체조)를 도입한 것이다. 그래도 아주 없는 것보다야 낫겠지만, 놀이 대신 체조가 적당하다는 점은 인정할 수 없다. 체조의 단점은 두 드러지게 나타날 때도 있지만, 그렇지 않을 때도 있다. 우선, 정 형화된 근력 운동(체조)은 청소년이 즐기는 놀이보다 종류가 훨씬 적은 데다, 전신이 골고루 움직이지도 않는다. 그래서 비교적 쉽 게 피로해지고, 이를 계속하면 인체의 균형이 흐트러질 것이다. 균등한 전신운동도 아니고 재미도 없기 때문에 운동량은 부족할 수밖에 없다. 이따금씩은 지정 교과로 채택하는데, 체조를 강요 하지는 않지만 움직임이 단조롭기 때문에 금방 싫증이 나기 십 상이다. 체조도 경쟁을 붙이면 자극제가 될 순 있지만 마냥 그러 지는 못하며 각양각색의 놀이가 주는 즐거움과는 비교도 안 된 다. 체조에서는 근력 운동의 '양'도 적지만, '질'은 훨씬 더 낮다. 앞서 말한 바와 같이, 재미가 없어 금세 그만두게 되고 운동 효 과도 낮기 때문이다. 운동량이 같다면, 흥미는 중요한 요인이 아 니라고들 생각하는데 절대 그렇지 않다. 정신적 쾌감은 기운을 끌어올린다. 예컨대 좋은 소식이 들려오거나, 오랜 벗이 찾아오 면 병세가 어떻게 달라지는지 보라. 의사라면 심신이 쇠약한 환 자에게 의욕적인 사람과 어울리라고 조언해 줄 것이다. 분위기 만 바꿔도 건강에 유익하다. 쾌감은 효험이 탁월한 원기회복제 와도 같다. 사람이 쾌감을 느끼면 혈류속도가 증가하여 각 신체 기관의 성능이 향상된다. 건강한 사람은 더 건강해지고, 건강이 악화된 사람은 회복될 것이다. 즉, 놀이가 체조를 능가할 수밖에 없다는 이야기다. 아이들이 게임에 몰입하여 흥분을 감추지 못할 때 느끼는 쾌감과 희열은 그에 동반되는 운동만큼 중요하다. 반면, 체조는 이 같은 정신적인 자극제가 없어 근본적으로 문제가 있다.

정형화된 팔다리 운동이 그냥 가만히 있는 것보다는 낫고, 보조 수단으로서 유익하게 활용될 수 있다손 치더라도 자연이 유도한 운동을 대신할 수는 없다고 본다. 남녀 할 것 없이 본능이 선호하는 스포츠 활동은 신체 건강에 매우 중요하다. 이를 금하는 것은 곧 신이 지정한 발육 수단을 금하는 것과 같다.

위험한 교육법

　가장 생각해 봄직한 것일 수도 있는 한 가지 주제가 남았다. 교육 수준이 높은 사람들은 비교적 나이가 적은 성인과 성년에 가까운 사람이 대개는 발육도 부진하고 체력도 연상자만큼 강하지가 않다고들 한다. 그런 주장을 처음 들었을 때는 과거를 예찬하려는, 구태의연한 성향으로 치부하곤 했다. 예컨대, 고대에 입었던 갑옷을 보면 현대인이 고대인보다 몸집이 더 크다는 것을 알 수 있다. 물론 사망률이 감소한 건 아니지만 수명은 늘었으니 통설이 사실무근이라 생각하여 그에 관심을 두지 않은 것이다. 하지만 내막을 자세히 들여다보니 우리의 소견을 크게 뒤흔드는 점이 눈에 띄었다. 마땅히 비교해야 하지만 누락되고 말았는데, 대다수의 노동자 계급의 경우에 아이의 신장이 부모에 미치지 못했고, 체구는 나이 차를 감안한다손 치더라도 발육이 부진한 듯 보였다. 건강 상태는 차이가 훨씬 더 컸다. 구세대는 수수한 신세대가 감당하기 버거울 정도로 방종하게 살았다. 이를 테면 과음을 즐겼고 들쭉날쭉한 생활에, 신선한 공기와 청결 또한 중시하지 않았지만, 나이가 지긋이 들어도 별 부상 없이 비즈니스에 몰두할 수 있었다. 법조계의 연대기를 보면 이를 알 수 있다. 그러나 건강을 유독 챙기는데다, 과식과 과음을 삼가고, 통풍에 민감하고, 자주 씻고, 연례행사로 여행을 떠나는가 하면 발달된 의학 지식의 혜택도 누리고 있는 우리는 되레 몸이 계속 망가지고 있다. 여러모로 건강에 무관심했던 할아버지 세대보다 더 허약한 것 같기도 하다. 잦은 병치레와 병약해 보이는 외모를 보면 신세대가 우리 세대보다 훨씬 약골일 수 있다.

이것들은 무엇을 뜻하는 것일까? 어른과 청소년 할 것 없이, 앞서 말한 대로 소식이 과식보다 더 해롭다는 뜻일까? 망상에 불과한 내한성 이론 때문에 너도나도 옷을 춥게 입고 다니는 관습이 원인이라는 뜻일까? 청소년에게 교양을 심어 준답시고 마음껏 뛰어놀지 못하게 한 것이 원인이란 뜻일까? 아마도 이 같은 행태가 폐해를 초래한 원인일 수도 있겠지만, 직장의 또 다른 인습(과중한 정신노동)이 가장 유력할지도 모른다.

노소를 막론하고, 삶의 압박은 중압감을 가중시키고 있다. 일반직과 전문직을 통틀어 경쟁이 치열해지다 보니 성인의 역량과 에너지가 소진되어 갔고, 사규 또한 이전보다 훨씬 더 엄격해졌다. 젊은 직원이 경쟁 속에서 본분을 다할 수 있도록 하기 위함이었다. 그러고 나니 피해는 갑절로 늘었다. 가장은 경쟁자가 우후죽순으로 늘어 업무량을 끌어올려야 할 뿐 아니라, 생활수준도 낮출 수 없는 탓에 1년 내내 일찍 출근하고 늦게까지 퇴근을 미루게 되었다. 때문에 운동할 여유도 없고, 휴일도 줄어든 것이다. 그렇게 그들은 장기간 과중한 업무로 악화된 체질을 자녀에게 물려주었다. 때문에 그들의 자녀는 일상적인 스트레스에도 쉽게 쇠약해질 수밖에 없었는데, 그렇지 않은 구세대 아이보다 더 확장된 '커리큘럼'을 감내해야 했다.

첫 단추가 잘못 채워진 탓에 폐해가 벌어질 수밖에 없다는 점과, 폐해는 이미 벌어지고 있다는 점은 지각이 있는 사람이라면 누구나 알 것이다. 길을 가다 보면 아이든 젊은이든 남녀 불문하고, 과중한 공부로 피해를 당하는 경우를 목격하게 될 것이다. 그렇게 몸이 쇠약해졌다가 원기를 회복하기 위해 전원에서 1년간 생활한 사례도 있고, 만성적인 뇌의 피로가 수개월간 지속되거나, 훨씬 더 늘어날 조짐을 보인 사례도 발견할 것이다. 학교에는 (경위는 잘 모르지만) 지나치게 흥분하면 걸리는 병도 있다고 한다. 어쩔 수 없이 공부를 그만두었다가, 복학한 이후 실신으로 수업을 빈번하게 빠지는 학생의 사례도 있었다. 꾸며 낸 이야기가 아니라, 지난 2년간 일정한 학군 안에서 직접 관찰한 사실이다. 그런 사례는 부지기수로 많다. 최근에는 이러한 폐해가 유전성을 띠게 된 경위를 조사할 기회가 있었다. 한 예로, 혈기가 왕

성한 부모에게서 태어난 어느 여학생은 스코틀랜드 기숙학교의
엄격한 규정으로 피해를 입었다고 한다. 배를 곯아 가며 공부에
열중한 나머지 아침에 일어나면 곧잘 현기증이 났다는 것이다.
그리고 허약한 뇌를 물려받은 자녀 중 몇몇은 평소 공부를 하다
가 두통이나 현기증을 느꼈다. 대학 졸업 후 만성질환을 안고 사
는 아가씨도 요즘에 심심치 않게 눈에 띈다. 운동할 여력이 없을
정도로 혹사를 당한 그녀는 졸업 후에도 앓는 소리를 냈다. 그
결과, 입이 짧고 입맛이 자주 달라지며, 육류를 싫어하고, 날씨
가 따뜻해도 손발이 늘 차갑고, 허약한 체질 탓에 짧은 시간 동
안만 천천히 걸을 수 있고, 위층을 오를 때도 땀이 나고, 시력도
좋지 않은데 그것도 모자라 피부의 탄력도 떨어지고 발육도 부
진했다. 그녀의 지인과 친구 또한 그에 못지않게 허약한지라 조
촐한 파티에서 흥분하면 이내 졸도하거나 의사에게서 학업 중단
선고를 받은 이도 있었다.

현저히 눈에 띄는 질환이 그도 잦다면, 그렇지 않은 소소한
병은 오죽이나 만연해 있겠는가? 어떤 경우는 과로 때문에 병에
걸린 사례도 있고, 질환이 눈에 띄지 않은 채 서서히 누적되는 경
우도 최소 여섯은 되었다. 이런저런 원인이나 허약 체질로 착란
이 일어나는 경우를 비롯하여, 발육이 부진한 까닭에 성장이 조
기에 멈춘 경우도 있으며, 잠복한 폐결핵 인자가 발현되거나 뇌
의 유전형질을 물려받은 후 성인이 되고 나서 과로로 뇌질환에

걸린 경우도 있었다. 중노동에 시달리는 상업 및 전문직 종사자의 잦은 병치레는 발달이 미진한 젊은이에게 과로가 심각한 영향을 미쳤음을 보여 준다. 체질이 허약해진 탓이다. 젊은이들은 경제적 어려움이나 신체적·정신적 수고를 감내하는 데 의젓한 어른만큼 익숙지 않다. 그러니 의젓한 어른도 지나친 정신노동이 버겁다면, 그와 동일한 수고를 감당해야 할 젊은이는 오죽이나 더 힘겹겠는가!

수많은 아이가 거치는 잔혹한 수업을 살펴보면, 이것이 큰 피해를 초래한다는 사실보다는 전염성을 띤다는 사실에 놀라게 된다. 존 포브스 경이 개인적 지식을 토대로 내놓은 사례를 보라. 그는 많은 연구를 통해 잉글랜드 전역에 분포한 중등 여학교의 표본을 제시한 바 있다. 아래는 하루 계획표를 요약한 것이다(시간을 낱낱이 구분하진 않았다).

취침	9시간(후배: 10시간)
등교, 수업 및 교과 활동	9시간(후배: 10시간)
학교나 가정에서 선배는 보충학습이나 자율학습, 후배는 여가 활동	3시간 30분(후배: 2시간 30분)
식사	1시간 30분(후배: 2시간 30분)
야외 활동 교과서를 손에 들고 산책하기 (날씨가 맑을 때만 지정된 시간에)	1시간(후배: 2시간 30분)
총합	24시간

존 포브스 경이 밝힌 이 '경악스런 규정'의 결과는 무엇일까? 당연히 체력 저하와 창백한 안색과 의욕 감퇴 및 건강 악화일 것이다. 물론 여기서 끝이 아니다. 두뇌 계발에 만전을 기하느라 건강을 외면하고 나니 (두뇌를 장기간 혹사시키고 운동은 거의 하지 않는다) 신체적·정신적 장애와 기형이 심심치 않게 나타났다. 최근, 대도시에 있는 기숙학교(여학생 40명 수용)를 주의 깊게 살펴본 결과, 2년간 학교에서 생활한 학생(총 학생 수에서 대다수를 차지한다) 중 몸에 하자가 없는 사람은 '하나도 없었다.'[15]

포브스 경이 위 글을 남긴 1833년 이후에는 형편이 좀 나아졌을지도 모른다. 필자 또한 그랬기를 바란다. 하지만 학교는 지금도 제자리걸음 중이다(아니, 개인적인 소견으로는 여느 때보다 더 심각한 경우도 더러 있다고 봐야 할 것이다). 얼마 전에는 사범대학(정규교육을 받은 교사를 양성할 목적으로 최근에 설립된 기관 중 하나를 가리킨다)을 면밀히 관찰한 적이 있다. 여기서 사립학교 교사보다는 나은 구석이 있을까 싶던 차에 아래와 같은 일일 계획표를 발견했다.

오전 6시	기상
오전 7시~8시	수업
오전 8시~9시	성경 읽기, 기도 및 조식
오전 9시~12시	수업

---

15) 《생활의학 백과사전》 1권, pp. 697~698.

낮 12시~1시 25분	여가(명목상으로는 산책이나 운동이지만 대개 수업 진행)
오후 1시 25분~2시	중식(식사 시간은 20분 정도)
오후 2시~5시	수업
오후 5시~6시	차 마시기와 휴식
오후 6시~8시 30분	수업
오후 8시 30분~9시 30분	다음 날 수업 예습
오후 10시	취침

24시간 중 취침은 8시간, 치장과 기도와 식사 등으로 4시간 25분을 채운다. 수업에 10시간 30분을 할애하고, 1시간 25분은 운동이지만 해도 그만 안 해도 그만이다. 물론 대개 안 하는 편이다. 수업 시간은 10시간 30분이라고는 했으나 운동할 시간에도 공부에 매진하면 11시간 30분으로 늘어나는 경우가 비일비재했다. 혹시라도 수업을 따라가지 못하는 학생은 새벽 4시에 일어나 예습을 해야 했는데, 교사도 이를 권하고 있었다! 정해진 기간에 이수해야 할 강좌가 많고, 학생의 시험 성적에 따라 성과가 결정되므로 교사도 설렁설렁 가르칠 수가 없었다. 이수 조건 또한 너무 까다로운 탓에 매일 두뇌를 12~13시간씩 가동시키고 있는 실정이었다!

때문에 만신창이가 되리라는 예상이 그리 어렵지 않았다. 어떤 학생이 말하기를, 처음에는 얼굴에 혈색이 돌았지만 어느 순간 핏기가 사라졌다고 한다. 병치레도 잦았다(매일 몇몇씩 병으로 결석

했다). 식욕감퇴에 소화불량도 다반사인데다, 설사를 호소하는 학생이 있는가 하면, 3분의 1이 한때에 설사가 나는 경우도 한두 번이 아니었다. 두통도 흔한 편이었고(몇 달간 거의 매일 두통을 호소하는 학생도 더러 있었다), 몸이 망가져 학교를 아주 떠나는 학생도 있었다.

모범이 되는 기관이자, 금세기의 지성이 설립·지휘한다는 기관이 이런 규정을 실시하고 있다는 사실이 놀라울 따름이다. 준비 기간이 턱없이 부족하다는 이유로 혹독한 시험과 악화된 제도를 강요하는 것은 잔인성보다는 무지의 증거로 봄직하다.

이런 경우는 흔치 않다(학급이 같은 기관과 견주어 보면 그럴 것이다). 하지만 이처럼 극단적인 사례가 아주 없진 않다는 점은 신세대의 두뇌가 얼마나 혹사당하고 있는지 뚜렷이 알 수 있는 단서이다. 앞서 언급한 사범대학은 지성인다운 커뮤니티라지만(이렇다 할 증거는 없다), 실은 과중한 학습 제도가 만연해 있다는 사회 풍조를 암시해 줄 뿐이다.

아이의 과잉교육이 위험하다는 점은 의식하면서도 청소년의 과잉교육을 두고는 이를 거의 의식하지 않으니 신기할 따름이다. 부모라면 조숙한 아기가 겪어야 할 부작용을 어느 정도는 알고 있게 마련이다. 또한 너무 일찍부터 아이의 머리를 자극하려는 사람에 대한 비난도 한 번쯤은 들어봤을 것이다. 조기교육은 결과를 아는 만큼 두려움도 커지게 되어 있다. 여덟 살이 되기 전에는 어떤 교육도 시킬 생각이 없다는, 저명한 생리학 교수의 소견이 이를 뒷받침한다. 아동의 지능 계발을 강요하면 참혹한 결과(허약 체질이나 정신박약 혹은 조기 돌연사 등)가 기다린다는 것을 모르는 사람은 없지만, 청소년도 마찬가지라는 것을 아는 사람은 그리 많지 않은 듯하다. 확고부동한 사실인데도 말이다. 신체적·정신적 능력이 발달하는 데는 순서와 정도가 있다. 교육과정이 이러한 순서와 정도에 일치하면 좋겠지만 그렇지 않다면, 즉 너무 복잡하고 추상적이라 이해하기가 어려운 지식을 주입하여 일찍부터 두뇌가 혹사를 당하거나 혹은 과잉교육으로 보편적 지능이 연령에 맞지 않은 정도까지 발달한다면, 비정상적인 결과에 버금가거나 그보다 더한 부작용이 생길 것이다.

자연은 엄격한 회계사이기 때문에, 자연이 세운 예산보다 많은 것을 요구하면 다른 한쪽에서 그만큼을 공제하게 되어 있다. 자연의 순리에 따라 연령별 신체·정신 발달에 필요한 원자재를 적절히 공급한다면 사람은 균형 있게 발달할 터이나, 어느 하나라도 조기에 혹은 과도하게 발달시키려 한다면, 자연은 내키진 않겠지만 어쩔 수 없이 이에 수긍하며 추가로 일한 만큼 더 중요한 일은 내버려 둘 것이다. 몸속 생명 에너지가 한정되어 있고, 그런 까닭에 고정된 것 이상의 에너지를 끄집어낼 수 없다는 점을 명심해야 한다. 특히 아동이나 청소년은 생명 에너지가 다양한 모양으로 절실히 요구된다. 앞서 지적한 바와 같이, 운동으로 소모한 에너지를 회복하고, 공부나 뇌 발육에 들어간 에너지도 보충해야 하며, 이를 위해 다량으로 섭취한 음식을 소화하는 데에 쓰인 에너지도 보충해야 할 것이다. 잉여 에너지를 이쪽으로 돌리면 초과된 양은 다른 곳에서 끌어다 쓸 수밖에 없다. 직관적으로도 그렇지만 경험을 통해서도 충분히 알 수 있는 사실이다. 이를테면, 폭식 후에는 소화에 많은 에너지가 소요되기 때문에 심신이 나른해지고 식곤증이 빈번히 일어날 공산이 크다. 또한 운동을 너무 많이 하면 생각할 힘이 소진되고, 갑자기 일을 많이 하거나 수십 킬로미터를 걸어 몸이 피곤해도 머리가 잘 돌아갈 리 없다. 한 달 정도를 그렇게 걷고 나면 두뇌의 에너지가 소진되어 원기를 회복하는 데 며칠이 걸리기도 한다. 평소에 근력으로 사는 농부가 머리 쓸 일이 별로 없다는 점도 마찬가지의 경우다. 알다시피 아동기에 이따금씩 발육이 지나치게 빠르면 초과된 에너지만큼을 다른 곳에서 끄집어내야 하므로 심신이 쇠약해지게 마련이다. 아울러 식후에 근력 운동을 격하게 하면 소화가 어렵고, 어릴 때부터 중노동에 투입된 아이는 키가 작다는 점도 어느 한 방향의 활동이 초과하면 다른 방향의 활동이 그만큼 감소한다는 일종의 길항작용을 보여 준다. 이 원리는 극단적인 경우뿐 아니라 모든 경우에도 적용된다. 에너지가 애먼 곳에, 미미하지만 지속적으로 투입될 때나 갑자기 대량으로 투입될 때에는 별반 차이가 없다. 둘 다 해로운 결과를 초래한다는 것이다. 따라서 정신노동에 자연이 제공할 수 있는 양을 초과하면 다른 목적에 써야 할 에너지가 정상치보다 줄어들어 모종의 폐해로 이어질 것이다. 그럼 어떤 문제가 벌어지는지 간략히 짚어 보자.

뇌의 과다활동량이 극도로 지나치지 않고 정상에서 적당히 초과하는 수준을 유지하려면 약간이나마 발육에 반응이 오게 되어 있다. 이를테면, 평균 신장보다 키가 작거나 체구가 왜소하거나 혹은 피부가 거칠어질 수도 있다는 이야기다. 이런 증세가 한 가지 이상 필연적으로 일어나게 마련이다. 두뇌 활동에 추가 공급되거나, 이후 소모된 뇌의 물질을 보충할 때 쓰이는 혈액은 본디 오장육부와 팔다리를 순환했겠지만, 그러지 못했으니 발육과 원기회복에 쓰일 혈액은 사라져 버린 셈이다. 이처럼 신체 반응이 확실히 다르다면 과잉발육의 '득'이 '실'에 버금가는지 따져 봐야 한다. 예컨대 발육이 미흡하다거나 지구력과 체력을 제대로 발휘할 수 없을 만큼 몸이 온전치는 못하지만, 대신 지식은 상당히 많이 축적해 두었으니 그에 만족해야 하느냐가 문제라는 이야기다.

두뇌 활동의 초과량이 클수록 결과는 훨씬 더 심각해진다. 몸도 그렇지만, 두뇌가 온전히 발달하는 데에도 그러하다. '성장'과 '발달' 사이에 길항작용이 존재한다는 것은 이시도어 힐레어 Isidore St. Hilaire가 처음 지적하고, 《난쟁이와 거인Dwarfs and Giants》을 쓴 루이스가 주목한 생리학적 법칙을 가리킨다. 성장이란 '크기가 증가하는 것'이고, 발달은 '구조가 증가하는 것'으로 이해하면 된다. 성장과 발달 중 어느 한 과정의 활동이 왕성해지면 다른 편은 지체되거나 중단된다는 것이 길항작용의 법칙이다. 애벌레와 번데기를 보면 수월하게 이해될 것이다. 애벌레일 때 몸이 급격히 불어나지만, 구조는 유충이 다 컸을 때보다는 아직 작을 때가 더 복잡하다. 한편, 번데기일 때는 몸이 불지 않는다. 이 단계를 거치는 동안에는 무게가 감소하나, 좀 더 복잡한 구조의 동화[16]는 왕성하게 이루어진다. 이처럼 애벌레와 번데기의 경우라면 길항작용이 뚜렷이 나타나지만 고등동물일수록 이를 찾아내기 어렵다. 성장과 발달이 동시에 이루어지기 때문이다. 그러나 남녀를 대조해 보면 사례를 못 찾을 것도 없다. 예컨대, 여자아이는 두뇌와 몸이 신속히 발달하지만 성장은 조기에 멈추는 반면, 사내아이의 신체 및 두뇌는 발달 속도가 더디지만, 성장은 여자아이보다 빠르다. 아가씨가 미성년 딱지를 떼고 신체 및 두뇌 활동이 '풀가동'될 때 남자아이는 생명 에너지가 체구를 불리는 쪽에 치우쳐 구조가 상대적으로 불완전하다. 그래서 신체 및 두뇌 활동이 비교적 서툰 것이다. 이 법칙은 전 유기체뿐 아니라, 각 신체 부위에도 동일하게 적용된다. 구조적 측면에서 어느 한 부분이 비정상적인 속도로 발달하면 성장이 조기에 중단되는데, 이러한 현상은 여느 기관 못지않게 두뇌 기관에서도 분명히

---

16) elaboration, 체내에서 음식물을 화학적으로 변화시키는 작용을 가리킨다. - 옮긴이주

벌어진다. 어릴 때는 뇌의 질량이 상대적으로 크지만 구조는 아직 완성되지 않아, 뇌를 무리하게 가동시키면 구조가 연령에 맞지 않게 발달하기 때문에 체구와 체력이 정상적인 수준에 미칠 수 없다. 조숙한 아이와 청소년이 칭찬을 받다가도 어느 시기에 이르면 부모의 높은 기대에 부응하지 못하는 이유 중 하나가 바로 이것이다(어쩌면 주된 원인일 수도 있다).

과잉교육의 결과도 심각하지만, 그것이 건강에 미치는 악영향, 즉 체질 및 기운 약화, 우울감만큼 심각하지 않을지도 모른다. 최근 생리학계는 뇌가 신체 기능에 미치는 영향력이 엄청나다는 사실을 발견했다. 소화와 혈액순환을 비롯하여, 이를 통한 모든 유기적 과정이 뇌의 자극에 영향을 받는다는 것이다. 독일의 생리학자 에른스트 베버Ernst Heinrich Weber가 처음 실시한 실험(뇌와 장을 이어 주는 미주신경을 자극한 실험)을 아는 사람이라면, 신경 자극으로 심장박동이 돌연 멈추다가 자극이 해제되면 박동이 재개되고, 자극이 일어나는 순간 다시 멈추는 현상으로 지나치게 흥분된 뇌가 몸에 미치는 영향력을 생생히 이해했을 것이다. 이 같은 생리적 결과는 일상에서도 그 증거를 찾을 수 있다. 이를테면 기대, 두려움, 분노, 희열을 느낄 때 가슴이 두근거리지 않는 사람은 없을 것이다(알다시피 감정이 격해지면 호흡이 아주 가빠진다). 감정이 복받쳐 심장마비로 실신한 사람은 별로 없지만, 감정과 심장을 둘러싼 인과관계를 모르는 사람은 없다. 아울러 두뇌가 정도를 지나치면 위에 무리를 준다는 점도 익숙해진 사실이다. 정신이 아주 괴로울 때나 즐거울 때는 식욕이 떨어지기 십상이고, 식사 직후 마음이 괴롭거나 즐거운 일이 생기면 입에 들어간 음식을 위가 거부하거나 소화에 무리가 간다. 두뇌를 혹사시키는 사람이 동감하듯, 심지어는 순수한 지적 활동도 지나치면 유사한 결과를 초래할 수 있다. 두뇌와 인체의 관계는 앞선 사례처럼 극단적인 경우뿐 아니라 일상적인 경우에도 적용된다. 뇌가 잠깐이지만 지나치게 흥분하면 장 기능도 잠깐이지만 지나치게 저하되고, 지나치진 않지만 만성적으로 흥분하면 장 또한 그런 식으로 기능에 문제가 생길 것이다. 단순한 추측이 아니라 모든 의사가 증언하는 사실이고, 우울감이 오랫동안 지속된 적이 있는 사람이라면 누구나 인정할 사실이다. 이 같은 신체 기능 저하는 두뇌를 장기간 혹사시켰을 때 나타나는 당연한 결과다. 기능의 일부만이라도 회복하기 위해 수년간 머리를 쓰면 안 되는 경우도 생긴다. 신체 기관 중에서도 특히 심장이 민감한 편이다. 신경을 너무 많이 쓰면 가슴이 두근거리고, 맥박이 약해지는 경우도 생기며 심장박동 수에도 이상이 생긴다. 소화불량도 단골손님이다. 소화기관에 이상이 생기면 일상생활이 불편해지지만 시간 말고는 뾰족한 해결책이 없다. 약해진 심장과 위가 서로 영향을 주고받는 경우도 허다한데, 이때 대개가 잠을 설치고 기분이 울적해진다.

그러니 아동과 청소년의 뇌를 지나치게 자극하면 결과가 얼마나 끔찍할지 상상해 보라. 자연이 감당해 온 정도 이상으로 머리를 쓰면 몸이 제대로 돌아갈 리 없다. 설령 병에 걸릴 정도로 심하게 쓰진 않았더라도 체력은 점차 감퇴할 것이다. 입이 짧고, 입맛이 까다롭고, 소화불량에 혈액순환도 왕성하지 않다면 몸이 어떻게 발달할 수 있겠는가? 주요 기능이 제대로 돌아가려면 신선한 혈액이 적당히 순환되어야 한다. 신선한 피가 부족하고, 호르몬이 적당히 분비되지 않는다면 장이 제 기능을 다할 수가 없다. 신선한 피가 부족하면 신경과 근육 및 세포막을 비롯한 다른 조직도 원활한 회복이 불가능할 뿐 아니라, 튼실한 성장도 기대할 수 없을 것이다. 허약해진 위가 양과 질 모두 부족한 혈액을 공급하고, 심장이 이 혈액을 더디게 내보낸다면 한창 자라고 있는 몸이 어떻게 될지 생각해 보라.

이 문제를 주의 깊게 연구해 본 사람은 공감하겠지만, 신체 기능의 감퇴가 과중한 공부의 결과라면 주입식 교육에 내릴 재앙은 얼마나 심각할까? 어느 모로 보나, 현 교육제도는 실패작이다. 단순히 지식을 습득한다는 차원에서도 실패작이 틀림없다. 머리도 몸처럼 일정 수준을 벗어나면 소화해 내기가 버겁기 때문이다. 두뇌가 소화할 수 있는 속도보다 정보를 더 빠르게 주입하면 머리가 이를 거부하게 되어 있다. 지식 기반에 영구적으로 편입되지 않고 시험만 합격하고 나면 기억에서 곧장 사라질 것이다. 공부가 싫어진다는 점도 실패작이라는 근거다. 끊임없이 머리를 쓰다가 뇌가 정상에서 멀어지면 책이 싫어지고, 합리적 교육이 지향하는 자기 수양은커녕 퇴보만 이어질 뿐이다. 아울러 지식 습득이 전부라는 인상을 심어 준다는 점에서도 실패요. 지식을 조직하는 것이 더 중요하다는 점을 잊는다는 점에서도 실패다. 훔볼트가 보편적인 지성 발달에 대해 언급했듯이, "분리된 지식이 과적되어 설명이 취약해지면 자연의 해석은 모호해진다." 인간의 지성도 이와 마찬가지기 때문에 소화하기 어려운 정보가 지나치게 누적되면 두뇌는 부담을 감당할 수 없을 것이다. 지식이 지방으로 쌓이지 않고 근육이 되어야 한다는 점이 중요하다. 물론 패인은 여기서 끝이 아니다. 현행 교육제도가 지성 계발 제도만큼 훌륭하다손 치더라도(사실과는 다른 이야기다), 앞서 입증한 바와 같이 지성 계발에 꼭 필요한 신체의 활력(원기)에는 치명적인 해가 된다. 제자의 두뇌를 육성하고픈 마음에 몸을 돌보지 않는 교사는 지식보다는 에너지가 세상의 성공을 좌우한다는 것과 지식을 주입하여 에너지를 소진시키는 방침이 되레 문제를 키우고 있다는 것을 모른다. 동물적인 기운에서 솟구치는 강인한 의지력과 지칠 줄 모르는 활력이 교육의 큰 결함을 채운다. 건강을 해치지 않는 교육이 정립된다면 과중한 공부로 심신이 지친 경쟁자쯤은 제아무리 영재라 해도 너끈히 이길 수 있을 것이다. 비교적 작고 부실하게 제작된 고압엔진이, 몸집이 크고 튼실하게 만들어진 저압엔진보다 일의 능률이 높다. 하지만 엔진을 끄려는 찰나에 고압으로 보일러가 망가져 증기가 더는 발생하지 않는다면 얼마나 안타깝겠는가! 아울러, 행복을 착각했다는 점도 교육제도의 패인으로 꼽힌다. 교육이 세상의 성공을 위한 수단이 된다손 쳐도, 건강이 악화되니 득보다는 실이 더 크다는 것이다. 평생 심신이 괴로운데 부가 무슨 소용이 있겠으며, 걱정이 끊이질 않는데 명예가 무슨 소용이 있겠는가? 알다시피 제3의 변수가 균형을 깨지 않는다면 소화가 원활한 위와 건강한 심장과 충천한 사기(의욕)야말로 행복의 요인이다. 만성질환은 장밋빛 전망에도 암울한 그늘을 드리우지만, 심신이 건강하면 불행도 희망이 된다. 과잉교육은 어느 모로 보나 사악한 짓이다. 금방 까먹을 지식을 주입하니 악하고, 지식에 염증을 느끼게 하니 악하고, 지식을 습득하는 것보다 조직하는 것이 더 중요하다는 점을 간과하니 악하고, 에너지를 소진시키거나 약화시키니 사악하다(에너지 없이는 지식인도 아무짝에 쓸모가 없다). 이를 성공으로 대신할 수도 없고, 실패라는 고배를 갑절이나 쓰게 만드니 악하기 짝이 없다.

현 교육제도의 결과는 사내보다는 숙녀에게 훨씬 더 해롭다. 활기차고도 신나는 체육 활동(남학생이라면 공부의 부담을 운동으로 해소한다)을 대개는 금하기 때문에 여학생은 이 같은 악습을 고스란히 키우고 있는 셈이다. 건강하게 장성하는 여학생의 비율이 남학생보다 훨씬 낮은 이유가 여기에 있다. 런던의 한 휴게실에 가면 안색이 창백하고 얼굴이 각진데다, 가슴이 작은 아가씨가 상당히 많다. 잔혹한 교육의 실상을 여실히 보여 주는 대목이다. 이러한 퇴행성 신체는 행복에 큰 걸림돌이 된다. 그에 비하면 학생이 스스로 이룬 수많은 성과는 조족지혈에 불과하다. 매력적인 딸로 키우는 데에 관심이 많다는 엄마도 몸은 망가질지언정 머리는 채워야 한다는, 최악의 과정을 선택할지 모른다. 딸을 둔 엄마는 사내의 취향이라면 일단 외면해 버리거나 생각이 잘못되었다고 치부해 버리지만, 사실 박식한 여성에게 끌리는 남자는 별로 없다. 주로 미모와 착한 성격과 건전한 상식을 보기 때문이다. 해박한 역사 지식으로 남자의 마음을 사로잡은 여자가 과연 몇이나 될까? 이탈리아어를 안다는 이유로 사랑에 빠졌다는 남자를 본 적이 있는가? 안젤리나가 구사하는 독일어에 마음까지 빼앗긴 에드윈[17]이 어디에 있을까? 여성의 매력 포인트는 뭐니 뭐니 해도 발그레한 두 뺨과 눈웃음이다. 달걀형 얼굴도 이목을 집중시키고, 건강한 몸에서 솟구치는 활력과 싹싹한 성격 역시 호감을 불러일으키는 데 크게 일조할 것이다. 여성은 다른 건 다 빼고 외모만 출중해도 매력이 있지만, 머리가 박식하다는 이유

---

17) 존 마틴(John Martin) 화백의 작품에 등장하는 두 인물이 에드윈(Edwin)과 안젤리나(Angelina)이다. - 옮긴이주

만으로 남성의 호감을 불러일으켰다는 경우는 여태 없었다. 남자의 가슴에 '사랑'이라는 복잡한 감정을 느끼게 하는 요인으로는 1위로 미모, 2~3위로 방정한 품행과 지적인 매력이 꼽힌다. 물론 후천적으로 습득한 지식보다는 선천적인 역량(재치와 순발력과 통찰력)이 매력 포인트인 경우가 훨씬 많다. 이를 모욕적인 주장이라거나, 그런 점에 마음이 흔들린다는 이유로 남성을 비난한다면, 신의 섭리에 이의를 제기하고 있으니 자신이 비판하는 바를 이해하지 못하는 것이다. 설령 섭리에 이렇다 할 의미가 없더라도 섭리의 목적에 일부 맞으리라 본다. 물론 섭리의 의미는 분명하지만 말이다. 우선 대자연의 목적 중 하나 혹은 궁극적인 목적은 자손의 행복이라는 점을 기억해 두라. 특히 자손의 지능은 발달했으나 신체 기반이 취약하다면 아무런 의미가 없다. 한두 세대가 지나면 사멸해 버릴 테니까. 하지만 머리는 그리 출중하지 않더라도 몸이 건강하다면 자자손손 보전할 가치가 있다는 점도 기억해 두라. 후손을 통해 두뇌가 무한히 발달할 여지가 있기 때문이다. 지금까지의 사실을 깊이 생각해 보면 신체와 두뇌의 균형이 얼마나 중요한지 알게 될 것이다. 그런데 목적은 제쳐두고, 본능이 균형을 이루었음에도 여학생의 체질을 저해하는 교육을 고집하며 '메모리'에 과부하가 걸리게 한다면, 그보다 더 어리석은 짓이 또 어디 있겠는가? 몸에 무리가 가지 않는다는 전제하에 가급적이면 수준 높은 교육을 지향하라. 수준이 높을수록 좋다. (내친김에 한 가지만 덧붙이자면, 앵무새 같은 모방보다 인간다운 역량을 더 함양하고, 학교를 졸업해서 결혼하기 전까지의 기간에도 학업을 잇는다면 목표를 달성할 수 있을 것이다.) 그런 식으로 교육한다고는 했지만 정작 몸에 무리가 간다면 수고와 희생을 마다하지 않고 이루려 했던 목적을 좌절시키는 꼴이 되고 만다. 부담이 큰 교육제도에 딸을 맡기는 부모는 아이의 성공 가능성을 크게 떨어뜨리는 경우가 많다. 고통과 장애가 뒤따르는데도 건강을 망가뜨리고 대놓고 금욕을 선고하니까 말이다.

몸과 마음의 균형을 잡아야 할 때

아이를 가르치는 방식은 여러모로 해롭다. 결론은 그렇다. 의식衣食이나 운동이 부족한데(여학생은 정말 부족하다) 머리를 지나치게 가동시키니, 교육이 잘못되었다는 것이다. 현행 교육제도는 대체로 가혹하다. 주는 건 거의 없지만 너무 많은 것을 요구한다. 에너지를 쥐어짜는 정도를 보면 청소년의 일상이 성인의 것과 별반 다르지 않다. 태아의 경우, 모든 에너지는 성장에 투입된다. 유아기가 되면 성장에 동원되는 에너지가 대부분을 차지하기 때문에 신체 및 두뇌 활동에 투입되는 에너지는 극히 적을 수밖에 없다. 아동기와 청소년기를 통틀어도 성장이 주된 요건이 된다. 다른 건 하위 범주에 들어간다. 이때는 더 주고, 덜 거두어야 한다는 조건이 붙는다. 성장률이 증가하는 속도만큼 신체·두뇌 활동을 제한하고, 성장률이 감소하는 속도만큼 그것을 허용한다는 뜻이다.

다른 관점에서 보면, 이렇게 부담스런 교육은 문명이 과도기에 접어들면서 발생한 것으로 보인다. 원시시대에는 공격과 방어가 주된 사회활동인지라 왕성한 체력과 담력이 필요했다. 그때는 물리적 교육이 거의 전부를 차지했고, 지성은 뒷전으로 밀려났다. 봉건시대처럼 지성이 푸대접을 받았다는 이야기다. 그러나 지금은 비교적 평화로운 시대인지라 체력보다는 수공업이 더 중요해졌고, 출세도 대개는 사고력이 좌우하게 되었다. 그러니 교육도 '머리'에 편중될 수밖에 없는 것이다. 몸은 중시하고 머리는 경시하는 과거와는 달리, 지금은 머리를 더 중시하고 몸은 경시하는 추세다. 물론 둘 다 바람직하지 않다. 인간은 물질이 정신의 근간을 이루고, 물질 없이는 정신이 발달할 수 없다는 진리를 아직 깨닫지 못했다. 고대와 현대의 사고방식을 별개로 생각해선 안 된다.

건강을 지키는 것이 '사명'이라는 신념을 전파해야만 신체와 정신을 골고루 육성하는 시대를 앞당길 수 있을지 모른다. '신체적 도의'라는 개념을 의식하는 사람은 거의 없는 것 같다. 습관처럼 하는 언행을 보면 왠지 제 몸은 제멋대로 취급해도 된다는 뉘앙스가 밴 듯한데, 그래서인지 대자연의 순리에 불복하여 몸에 문제가 생기면 불만이 쏟아진다. 자신이 처신을 잘못했다고 탓하는 사람은 없다. 가족과 후손에게 범죄만큼이나 몹쓸 짓을 저지를 때가 더러 있어도 이를 범죄로 여기는 사람도 없다. 예컨대, 술독에 빠지면 몸에 잘못을 저질렀다는 데에는 다들 공감할 것이다. 몸에 저지른 잘못과 마찬가지로 다른 잘못도 악하다는 점을 인정해야 하지만 그러지 않는 분위기다. 건강의 법칙을 위반한 죄는 모두 '신체적 죄'로 봐야 한다. 그런 풍토가 조성될 때 비로소 체육이 주목을 받을 것이다. 그전에는 어렵다.

이 책은 국내 유일한 북펀딩 전문업체인
따뜻한 북펀드(www.bookfundplatform.com)를 통해
아래 후원자분들과 함께 만들었습니다.

김정리
이은진
최선영